100년 전 역사에서
통일을 묻다

손안의 통일 ❾

100년 전 역사에서
통일을 묻다

: 고종부터 신채호까지 가상 역사토론

함규진 지음

통일부
통일교육원

이 책은 통일교육원과 열린책들이
함께 기획·제작했습니다.

손안의 통일

〈손안의 통일〉 시리즈를 발간하며

여행 좋아하시나요? 스위스 출신의 영국 작가이자 철학자인 알랭 드 보통Alain de Botton은 〈행복을 찾는 일이 우리 삶을 지배한다면, 여행은 그 일의 역동성을 그 어떤 활동보다 풍부하게 드러내 준다〉라고 했습니다. 갑자기 행복을 찾으러 여행 가고 싶어지지는 않으셨나요?

여행 이야기를 꺼낸 것은 여행과 평화·통일이 비슷한 점이 많아서입니다. 여행은 그 과정에서 많은 사람을 만나고, 다양한 것을 체험하면서 완성됩니다. 평화·통일 역시 어느 한순간에 만들어지는 것이 아니라, 평화·통일을 향한 작은 과정 하나하나가 모여 달성됩니다. 또한 여행은 돌발 상황이 발생하는 등 그 과정이 순탄치만은 않습니다. 평화·통일로 가는 길 역시 평탄한 도로 위만 달리는 것은 아닙니다. 마지막으로 여행과 평화·통일 모두 목적지가 있다는 것과, 끝난 뒤 돌아보면 힘들었던 기억은 좋은 추억이나 성장의 토대가 된다는 점도 닮았다고 생각합니다.

그런데 여행과 평화·통일 사이에는 큰 차이점도 있습니다. 가장 대표적인 것이 바로 〈재미〉의 유무입니다. 요즘 여행을 가면 블로그 등을 통해 미리 맛집이나 명소도 알아보고, 현장에 가서 예쁘게 사진을 찍어 SNS에 올리기도 합니다. 이 모든 과정이 귀찮고 번거로울 수도 있지만, 사람들은 이를 재미있는 놀이로 즐깁니다. 그러나 평화·통일이라는 이야기를 듣는 순간, 〈아, 또 뭔가 고리타분하고 재미없는 이야기를 하겠구나〉 싶어 지레 겁을 먹고 귀를 닫는 경우가 많습니다.

「우리의 소원은 통일」이라는 노래가 널리 알려져 있지만, 왜 평화·통일은 이다지 재미없고 관심도 없는 일이 되어 버렸을까요? 지난 수십 년간 평화·통일을 교육하고 강조해 온 입장에서 스스로를 돌아보게 만드는 질문입니다. 평화·통일은 우리의 일상 속에 자리 잡고 있는 것임에도 불구하고, 교육을 한다면서 고담준론(高談峻論)의 성(城)에 이를 가두어 둔 것은 아닌지, 장벽을 높게 쳐버린 것은 아닌지 반성을 해봅니다.

〈손안의 통일〉은 이런 반성에서 출발하여 기획되었습니

다. 딱딱하고 재미없을 것만 같은 평화·통일 문제의 장벽을 낮춰 보고자 합니다. 그리하여 누구나 편하게 느끼고 쉽게 다가갈 수 있도록 했습니다.

기존 정치·군사 문제 중심의 평화·통일 이야기를 역사·여행·예술·미디어 등 다양한 소재를 통해 바라보고자 합니다. 일방적으로 지식을 전달하는 방식에서 벗어나, 많은 사람들이 궁금해하는 이야기를 쉽고 재미있게 풀어내어 대중의 감성에 맞도록 전달하고자 합니다. 〈손안의 통일〉이라는 말 그대로 실제 손에 잡히는 실질적이고 구체적인 평화·통일 이야기를 담아내겠습니다. 가볍게 들고 다니며 볼 수 있는 크기로 제작되지만, 그 내용과 고민은 결코 가볍지만은 않을 것입니다.

오늘날은 〈평화가 일상이 되는 시대, 통일을 마중 나가는 시대〉라고 할 수 있습니다. 그런 시대를 맞아 〈손안의 통일〉은 여러분을 평화·통일로 초대하는 초청장이자, 평화·통일이라는 복잡한 길을 안내해 줄 좋은 여행서가 될 것입니다. 이제, 함께 여행을 떠날 시간입니다. 평화·통일의 길 위에서 많은 것들을 보고 배우며, 그 과정을 즐길 수 있기를, 그리고 훗날 이 모든 것들이 좋은 추억이자 성장의 토대가 되기를 바랍니다. 나아가 일상에 스며든 통일과 평

〈손안의 통일〉 시리즈를 발간하며

화에 대한 감수성으로 모든 세대가 평화롭고 행복한 통일을 꿈꿀 수 있기를 기대해 봅니다.

2020년 12월

통일교육원장 백준기

서문

여러분은 역사에 얼마나 관심이 있으신가요?

뭐, 이 책을 집어들으신 걸 보면 전혀 없지는 않으신 것 같네요.

그러면 역사를 배우면 좋은 점은 무엇이 있을까요?

여러분이 형사나 탐정이 되어 어떤 살인 사건을 수사한다고 합시다. 무슨 일을 하시겠어요? 물론 피해자나 용의자의 주변을 탐문하고, 현장에 뭔가 증거가 없나 살피고, 사건이 일어났던 상황을 알려 줄 CCTV 녹화 내용이나 피해자가 남긴 메시지 같은 것을 샅샅이 찾아보겠죠. 즉 사건의 〈이유〉를 알기 위해 사건의 〈과거〉를, 말하자면 〈역사〉를 연구하는 겁니다. 그래서 하나하나 퍼즐을 맞춰, 마침내 사건이 누구에 의해, 어떻게, 어째서 이루어졌는지 알면 모든 의문은 풀리고 사건은 해결되는 것이죠.

역사 탐구도 비슷합니다. 우리는 살다 보면 몇 가지 의문을 갖게 됩니다. 〈왜 우리나라는 중국이나 미국처럼 거대한 나라가 못 되었을까?〉, 〈왜 우리나라는 서양보다 먼저 산업혁명을 하지 못했을까?〉, 〈왜 우리나라는 일본의 식민지가 되었을까?〉 등등이요. 그 이유를 알려면, 사건의 의문을 풀기 위해서처럼 과거를, 그러니까 역사를 낱낱이 살펴보아야 합니다. 오늘, 이 책의 주제는 〈왜 우리나라는 자체적 근대화에 실패하고, 일본의 식민지가 되었을까?〉입니다. 마치 〈누가 조선-대한제국을 죽였을까?〉 하는 살인 사건의 의문을 풀어 보는 것과 같지요. 그래서 사건의 중심인물들에게 탐문 수사를 하듯, 당시의 주요 역사 인물들을 가상으로 초빙해서 당시 있었던 일들에 대해 들어 보고자 합니다. 재미있겠죠?

그런데 사건 수사와는 달리, 역사 탐구에는 또 하나의 장점이 있답니다. 뭘까요? 역사를 탐구하면 내일의 역사, 즉 앞으로 다가올 미래에 어떤 상황이 생길 수 있고, 그때 어떻게 대처해야 현명할지에 대한 교훈을 얻을 수 있다는 점이랍니다. 개화기-구한말, 19세기 말에서 20세기 초, 조선이 망하고 일제가 들어서던 시기는 어쩌면 지금과도 비슷했던 점들이 있습니다. 당시의 국가적 과제가 국권을 지키면서 사회를 발전시키는 것이었다면, 지금은 사회를 한 단계 높이 발전시키면서 숙명처럼 얽혀 있는 북한과의 관계를 개선하고, 한반도에 진정한 평화를 정착시키며 멀리 통일까지 바라보아야 한다는 과제가 우리 앞에 놓여 있습니다.

지금으로부터 백 년도 전의 역사가 그런 과제의 해결에 어떤 교훈을 줄지, 자! 같이 읽으며, 함께 생각해 봅시다.

2020년 12월

함규진

차례

조선은 왜 근대화에 실패했나

등장인물 소개

고종(1852~1919) 조선 제26대 왕. 대한제국 초대 황제. 이름은 이형(즉위 전에는 이명복). 흥선대원군 이하응의 둘째 아들로 1863년에 11세로 즉위했다. 실질적인 조선의 마지막 왕이었으며, 일찍이 없던 혼란기에 국권을 수호하고 개화를 추진하는 두 가지 문제에 늘 힘겨워했다.

명성황후(1851~1895) 고종의 왕비. 이름은 민자영. 강인한 성격으로 고종을 보좌하며 시아버지 흥선대원군과 대립했으며 처가의 친척들로 〈왕당파 고위층〉을 이루었다. 1895년 흥선대원군과 주조선 일본공사 미우라 고로의 공모에 의해 일본인 병사와 낭인들에게 암살당했다(을미사변). 사후에 명성황후로 추존되었다.

흥선대원군(1820~1898) 고종의 아버지. 이름은 이하응. 왕의 자식이 아닌 사람이 왕이 되면 그 아버지는 대원군으로 불리게 되는데, 조선 역사상 살아 있으면서 대원군이 된 사례는 흥선대원군이 유일하다(그래서 그냥 대원군으로 부르기도 한다). 고종 초기에 섭정으로서 왕권 강화와 여러 개혁을 추진했으나 섭정에서 밀려난 뒤 고종과 명성황후의 최대 정적이 되어 개화기의 거의 모든 정변의 흑막 노릇을 했다.

박규수(1807~1877) 조선 말기의 문신. 호는 환재. 초기에는 척화적 활동으로 대원군의 신임을 받았으나 이후 대표적 개화파가 되어 김옥균, 홍영식, 박영효, 서재필, 유길준 등 개화파 신세대를 육성했으며 친정에 임한 고종을 도와 개화 정책을 추진했다.

■

사회자 안녕하십니까? 저는 오늘 「통일을 바라보며 역사를 생각한다」 토크쇼 사회를 맡은 〈사회자〉입니다. 이 시대, 즉 사회(社會)를 대표하는 사람(者)이라는 뜻을 갖고 있기도 하지요. 오늘 토크쇼 1부 출연자들을 소개하겠습니다. 먼저, 조선 제26대 왕이시자, 대한제국 초대 황제로서 역사의 격동기에 이 나라의 최고 책임자이셨던 고종 황제(이하 고종)이십니다.

고종 아, 안녕하시오.

사회자 다음은 고종 황제님의 배우자이셨고, 역시 역사의 격동기에 시련을 뒤집어쓰셨던, 명성황후(이하 명성)이십니다.

명성 안녕하십니까. 제가 조선의 국모입니다! 이렇게 죽어서나마 훌륭하신 후손님들을 뵙게 되니 감개가 무량하군요! 사회자께서도 말씀하셨지만 저의 삶을 말하자면 그야말로 시련 그 자체였습니다! 좋은 시절에 태어나 왕비가 되었으면 구중궁궐 깊은 곳에서 책이나 보고 자수나 뜨면서 편안하게 살았으련만, 궁에 들어간 그날부터 권력 싸움에, 반란에, 민란에, 외세의 침탈에……(훌쩍), 정말 바람 잘 날 없었답니다. 하긴, 여느 왕비였다면 또 그런 시절을 잠시라도 버틸 수 있었겠어요? 저 민자영이나 되니까 그나마 버틴 것이죠. 그러니까 그게 어땠나 하면…….

사회자   저, 저기요. 황후님! 자세한 말씀은 조금 있다가 하시고, 일단은 인사만 하시지요. 자! 다음에는, 역시 유명하신 분이죠? 흥선대원군(이하 대원군)님이십니다.

대원군   …….

사회자   대원군님?

대원군   …….

사회자   저기, 자기소개 부탁드립니다.

대원군   일 없소이다!

사회자 네에?

대원군 도대체 되어 먹지 않은 게, 이 자리에서 가장 어른이 누구요? 나 아니냔 말이오! 저기 앉은 고종은 내 아들이고, 명성은 내 며느리인데, 당연히 나부터 소개를 시켜야 말이 되지, 어찌 어른을 나중에 소개하는 법이 있소? 공로로 보더라도 아들놈은 그냥 꿔다 놓은 보릿자루처럼 그 자리에 앉아만 있었고, 며느리는 사치에 부정부패만 저지르기만 했지, 뭘 했다고? 서열도 내가 위고 공로도 내가 많거늘, 어찌 이제야 소개한단 말이오? 에잉, 이러니까 나라가 망했지!

명성 소설을 쓰세요. 공로는 무슨 공로요? 대단하신 시아버님 덕분에 나라가 개화가 늦어져서 이 꼴이 된 게 진실인데? 그리고 뭐 이건 시아버지다워야 시아버지로 모시지…….

대원군 무엇이 어째?

명성 사실 아니에요? 며느리는 시아버지 사랑이라는데 나를 내쫓으려고, 해치려고, 얼마나 음모를 많이 꾸몄어요? 그러느라고 청나라에 붙었다, 일본에 붙었다 하며…….

대원군 이, 이 천하에 몹쓸!

사회자 자, 자, 자! 이렇게 흥분들 하시면 토크쇼가 안 됩니다! 생전에 분함이나 아쉬움이 있었더라도, 지금은 마음을 가라앉히시고 후손들을 위해 좋은 말씀만 해주세요! 그래야 슬픈 역사가 반복되지 않을 것 아닙니까.

대원군 크음…….

명성 흥.

사회자 자, 그러면 마지막 분, 오래 기다리셨는데요! 간단히 인사해 주시죠!

박규수 안녕하세요. 제 이름은 박규수라고 합니다. 여기 계신 대원군께서 섭정을 하실 때와, 그 뒤에 고종 임금께서 친정을 하실 때 계속 조정에 있으면서 여러 일을 했고, 여러 가지를 보았죠.

사회자   네~ 그러면 소개는 이 정도로 하고! 먼저 우리나라, 그러니까 당시로서는 조선이 오랫동안 외국에 문을 열지 않다가, 나중에야 열었잖아요? 그런데 그게 다른 나라보다 많이 늦어서 결국 손해를 크게 보았다고 알고 있는데, 그 경위에 대해 좀 말씀해 주시죠. 어느 분부터 말씀하시겠어요?

대원군   내가 하겠소! 뭐, 이번에도 어른 대접을 안 하지만, 더 이상 이야기해 봐야 내 입만 아플 듯하니, 내 밥은 내가 찾아 먹을 수밖에! 그게 원래, 오해가 있는데 말이오. 나 흥선대원군 이하응이가 공연히 쇄국 정책, 그러니까 나라를 닫아거는 정책을 써서 개화가 늦어졌다고 하는데, 그건 오해올시다!

사회자   네? 오해인가요?

대원군   물론이지! 나도 당시 서구의 문물을 받아들이고 서구의 힘을 빌려 청나라나 일본과 맞설 뜻이 있었소. 그건 내

아내가 천주교도였음을 생각하면 잘 알 거요. 그러나 잘 보니, 이것들이 단순하게 종교를 포교하거나 문화를 교류하려는 것이 아니라, 우리 땅을 먹어치우고 우리 백성을 자기네 종으로 만들 심보 아니겠소? 그래서 척화, 그러니까 개화를 배척하는 입장으로 돌아서서, 저들과 싸웠던 것이오!

사회자   그래서 프랑스와 1866년에, 미국과 1871년에 전쟁을 벌이신 거죠? 또 척화비를 전국 곳곳에 세워 〈개화에 찬성하는 자는 나라를 팔고 동족을 파는 자다〉라고 경계하셨고요?

대원군   그렇지! 잘 아시는군. 우리는 그때 분명히 저들보다 힘이 약했지만, 그래도 나라와 동족을 지키려는 마음에서 열심히 싸운 결과 저들을 물리쳤소. 그 정신을 살려 계속 내실에 힘썼으면 저들도 우리를 깔보지 않고 우리 눈치를 보았을 것을……. 저 명청한 아들놈에게 정권이 넘어가자마자 대비도 없이 나라의 문을 활짝 열어 버렸으니! 그다음 어찌되었는지는 잘 아실 것이오. 아! 통탄할 일이오.

명성   헹!

대원군　뭐냐! 내 말이 틀렸다는 게냐!

사회자　자, 자. 두 분이 너무 감정이 안 좋으시니, 두 분이 대화하시다가는 토크쇼가 아니라 싸움장이 될 것 같거든요. 그러니까 다른 분이 여기에 대해 말씀해 주시죠. 고종 황제나…….

고종　…….

사회자　…… 박규수 대감님?

박규수　알겠어요. 제가 말씀드리지요. 저는 대원군 대감의 척화 정책에 한몫했던 사람입니다. 제너럴셔먼호라는 미국 배가 대동강을 타고 평양까지 들어왔을 때, 당시 평안도 관찰사로서 군민을 총지휘하여 그 배를 태워 버렸으니까요.

대원군　그래, 그때는 자네가 참 훌륭하게 일을 잘했지.

박규수　하지만 저는 얼마 뒤에 제 행동에 대해 곰곰이 생각하게 되었고, 그래서 후회했습니다.

대원군   아니? 그게 무슨 말인가?

박규수   그때 우리가 지혜와 용기를 내어 미국 배를 불태우기는 했지만, 나중에 보니 그들의 무기나 장비가 실로 대단하더란 말입니다. 쇠로 만든 배라니! 우리 대포는 겨우 돌덩어리나 쇠공 따위를 쏘아 댈 뿐인데, 그보다 더 멀리서 쏘면서 표적에 맞으면 큰 폭발을 일으키는 작열탄이라니! 게다가 사로잡은 선원들에게 캐물어 보니, 이 미국이라는 나라는 우리보다 몇십 배나 크고, 부강한 나라가 아니겠습니까! 그래도 중국처럼 가깝지는 않으니 다행인가 싶지만, 까마득히 멀리 떨어져 있으면서도 이렇게 배를 띄워 보내 우리나라의 깊숙한 곳까지 들어오지 않았습니까! 저는 그만 머리가 쭈뼛 섰습니다. 이렇게 무서운 힘을 가진 나라가 마음먹고 쳐들어온다면 과연 우리가 일순간이나마 버틸 수 있을까, 라는 생각이 들었으니까요.

대원군   그래도 자네의 행동으로 우리는 무엇보다 귀중한 자신감을 얻었어. 그리고 그 일로 화가 나서 놈들이 여러

척의 군함과 병사들을 보냈지만, 끝내 물리치지 않았는가?

박규수 글쎄요. 그걸 과연 물리쳤다라고 말할 수 있을까
요? 우리 쪽은 343명의 병사와 양민이 죽고, 20명이 포로
로 잡혀 갔는데, 저쪽은 겨우 3명 전사에 12명 부상으로 그
쳤는데도요?

대원군 음……

박규수 그리고 미국이 작정하고 전쟁을 계속했으면 그야
말로 참담한 상황이 되었을 겁니다. 다만 당시 미국은 남북
전쟁이 끝난 지 얼마 되지 않아 국민이 전쟁을 크게 치르고
싶은 마음이 없었고, 공연히 영국이나 러시아가 개입하면
귀찮아진다 싶어서 제풀에 포기했죠. 당시로서는 다행이었
지만, 장기적으로는 꼭 그렇지도 않았습니다. 대감께서 우
리 힘은 너무 크게 보시고, 저들의 힘은 너무 작게 보셔서 쇄
국 정책을 더욱 강하게 밀어붙이는 계기가 되었으니까요.

대원군 그러니까 시간을 벌면서 자강에 힘써야 했던 게 아
닌가! 나도 서양 오랑캐들을 얕잡아본 건 아닐세. 자네가

태워 버린 서양 배를 건져서 비슷한 모양으로 생산하려고 애쓰고, 여러 신무기도 만들려 하지 않았는가? 그런데 저 아들놈은 한 게 뭔가? 그나마 있던 국방 예산도 대폭 줄여 버리는 바람에 몇 년 뒤에 일본놈들이 운요호라는 배를 몰고 왔을 때는 병인년이나 신미년과는 비교도 안 될 만큼 혹독하게 얻어터지지 않았나! 그래서 저놈들의 요구대로 제꺽 나라를 열어 버린 거고 말이야!

박규수 하하, 신무기 개발요? 서양 배를 흉내 내서 겉모양만 그럴 듯하게 만든 거, 저도 봤습니다. 하지만 인형을 만들어 놓고 일어나서 걸어 봐라, 하면 되겠습니까? 증기기관이 뭔지, 어떤 원리로 거대한 쇳덩어리 배가 물에 뜨는지 하나도 모르면서 그저 겉모양만 흉내 내서 1백 척을 만들든, 1천 척을 만들든 한 척이라도 제대로 뜰까요? 그러니까 서양의 앞선 기술을 빨리 배워서 응용해야 자강이 되든 말든 할 텐데, 서양 것은 뭐든 사악하고 배워선 안 된다면서 그 결과물은 흉내 내겠다니, 그런 모순이 어디 있습니까?

사회자 잠깐, 잠깐만요. 지금 조선이 서양 기술을 제대로 배우지 못한 채 나라를 열게 되었다는 말씀을 하셨어요. 그렇죠? 그러면 다른 나라들, 중국과 일본은 어땠는지 좀 비교해서 말씀해 주시면 안 될까요?

박규수 네, 그러지요. 동양 3국 가운데 서양을 처음으로 접한 나라는 중국이었고, 그 문물을 진지하게 배운 나라는 일본이 먼저였습니다. 유럽과 동아시아는 워낙 멀리 떨어져 있고 그 중간에는 사막과 고원 등이 가로놓여 있어서 한참이나 서로를 모르고 지냈는데, 13세기에 몽골이 아시아와 유럽을 가로지르는 대제국을 건설하면서 서양의 상인이나 선교사들이 중국에 오게 되었지요. 유명한 마르코 폴로처럼 말입니다. 그래도 더 멀리 있는 고려나 일본은 별개였습니다만, 묘하게 일본이 황금이 풍부한 나라로 소문이 나면서 지리상의 발견 시대에는 바닷길로 일본에 오는 사람들이 늘어 갔습니다…….

사회자 아, 예. 대감님! 조금 말씀이 길어지실 것 같네요. 죄송하지만 조금 간단하게 부탁드립니다.

박규수 아…… 그러죠. 아무튼 임진왜란이 일어나던 16세기 말쯤에는 중국과 일본에는 상주하는 선교사들이 있었고, 조선 땅에 처음 발을 디딘 서양 사람도 일본군을 따라 왔던 세스페데스 신부였습니다. 그러나 그뿐, 그 뒤 백 년이 넘도록 서양 사람이 이 땅을 찾지는 않았죠. 사실 쇄국 정책은 그 시기에 한, 중, 일 모두 공통적이기도 했습니다. 그러나 일본은 나가사키를 서양인들에게 열고 이를 통해 서양의 문물을 배워 〈난학〉이라는 학문을 우리의 실학에 앞서 일구기도 했어요.

사회자　왜 일본만 그랬을까요?

박규수　아무래도 일본은 먼 옛날부터 중국이나 우리나라에서 문물을 받아들여 발전해 왔기 때문에, 생소한 외래 문물을 배우는 데 익숙했기 때문이겠죠. 반면 중국은 자신들이 세상의 중심이고 최고의 문명이라 생각해 배우는 데 건성이었고, 조선은 〈소중화〉를 내세우며 이를 따라갔죠. 그런 중국의 오만은 결국 1840년 시작된 아편전쟁에서 된서리를 맞게 됩니다.

사회자　아, 그 비열한 전쟁 말씀이군요? 마약인 아편을 금지한다고 군대를 끌고 가서 청나라를 항복시켰던.

박규수   네, 맞습니다. 비열하죠. 하지만 불행히도 세상은 돈과 힘이 행세하는 곳 아니겠습니까? 겨우 몇백 명밖에 안 되는 영국군에게 몇 억 인구의 자칭 세계의 중심, 중국이 무릎을 꿇게 되자 그들도 자존심을 일부 접고 중체서용*의 개혁을 하게 됩니다. 기본은 중국을 유지하되 서양의 기술을 응용하자는 건데요, 그렇게 중국은 서양 기술자를 초빙해서 서양식 대포와 군함을 만들고, 서양 학문을 가르치는 학교를 세우는 등 근대에는 동양 3국 중 가장 빨리 서양식 근대화에 나섰죠. 하지만 일본은 아편전쟁의 소식을 듣고 놀랐던 참에, 1854년에 미국의 페리 제독이 군함을 끌고 도쿄 앞바다에 나타나 개항을 요구하자 저항 없이 이에 응했습니다. 그리고 이를 굴욕인 동시에 발전의 기회라고 생각해서, 중국보다 더 철저하게 서양식 근대화를 추진했죠. 심지어 머리도 서양식으로 깎고 옷도 서양 옷을 입을 정도로요.

＊ 더 깊이 알기: 중체서용

중체서용(中體西用)에서 〈체(體)〉는 근본을, 〈용(用)〉은 수단을 의미한다. 즉, 중국의 전통을 근본으로 삼되 서양의 기술(西)을 수단으로 채용한다는 말이다. 아편전쟁 이후 〈서양 기술을 받아들이는 운동〈양무운동〉을 추진하면서 그 원칙으로 제시된 것인데, 민주주의나 과학 등 서양의 문화는 여전히 오랑캐의 것으로 멸시하면서 군사 기술만 받아들이려 했으므로 진정한 개화에는 한계가 있었다. 심지어 군사 기술도 군함은 만들었지만 군함을 움직일 선원이 준비되지 않고, 대포를 만들었지만 포탄이 별로 없는 등 문제가 많아, 청일전쟁에서 일본에게 참패당하는 결과로 이어졌다.

한국과 일본도 이와 비슷한 〈온건 개화론〉을 초기에 내세웠다. 한국은 〈조선의 도를 지키되 서양의 기술을 받아들인다〉는 〈동도서기(東道西器)〉를, 일본은 〈일본의 혼을 잃지 않되 서양의 재주를 따라 배운다〉는 〈화혼양재(和魂洋才)〉를 한때 추구했다.

대원군　그러니 오랑캐라지! 마약 팔아먹으려 남의 나라를 총칼로 짓밟은 것들이나, 그런 것들이 좋다고 조상 대대로의 문화를 버리고 옷까지 갈아치운 것들이나, 짐승이랑 다를 게 뭐 있나? 사람은 어렵고 가난해도, 심지어 죽을지언정 정신을 더럽혀서는 안 되는 법이야!

명성 하이고! 참 훌륭한 말씀을 하시네. 시아버님께서 그런 말씀을 하실 자격이 되나요?

대원군 뭐? 뭐가 어째?

명성 과연 처음에는 서양도 일본도 다 오랑캐라며, 그 오랑캐의 문물을 받아들이자고 하는 우리 폐하의 정책은 천벌 받아 마땅하다며 선동질을 하셨죠. 그러니 바깥세상 돌아가는 걸 모르던 선비들은 폐하의 정권에서 일하기 싫다며 다들 돌아서 버린 거죠. 신하가 있어야 임금 노릇도 하는 것이니 할 수 없이 저희 친정집 분들을 많이 데려다 썼고, 능력이 있다면 평민 출신도 널리 기용해서 조정에 들였죠. 그랬더니 이번에는 외척이 나라를 말아먹느니, 근본도 없는 상것들이 다 해먹느니 하고 비난을……. 어쨌든 거기까지는 그렇다 쳐요. 1882년에는 구식 군대를 선동해서 임오군란을 일으키셨죠? 아니, 나라의 어른이자 임금의 아버지 되시는 분이 왕실을 지키지는 못할망정 군사 쿠데타를 부추기다니 이게 말이나 되어요?

대원군 너희 부부가 하도 정치를 못하니 그랬던 것 아니냐…….

명성　쿠데타를 하는 사람, 아니 역모를 꾸미는 사람은 백이면 백 다 그리 말하죠. 지금이 태평성대이니 우리가 한번 뒤집어 놓겠다, 이렇게 선언하는 역적도 있나요? 그리고 그때까지 우리 폐하는 어려운 환경에서도 많은 개혁을 하셨어요. 1880년에 통리기무아문*을 설치해 뒤늦게나마 중국, 일본처럼 서양의 문물을 우리 것으로 녹여 내기 위한 사령탑을 삼으셨고, 서양식 군대인 별기군을 창설하시고, 1881년에는 일본에 조사 시찰단, 청나라에 영선사를 파견하셔서 근대화의 방법에 대해 배워 오게 하셨죠! 사실 조사 시찰단은 당시 신사유람단이라고 불렀는데, 청나라는 그렇다 치고 오랑캐 일본에 무슨 사절을 보내느냐고 시아버님께서는 밖에서, 신하들은 안에서 하도 난리를 피워 대니 할 수 없이 〈그냥 유람하러 가는 거다. 공식 사절이 아니다〉라며 에두를 수밖에 없었잖아요? 그렇게 안 도와주는데 어떻게 개혁을 하고 자강을 하겠어요? 수구 세력들이 보기에 정치 못하면 못하는 거예요? 그런데 결국 비난을 일삼는 데 그치지 않고 지엄한 왕궁을 흙발로 더럽히며, 국모인 저를 잡아 죽이려고까지 하시다니……. 정말 지금도 생각할

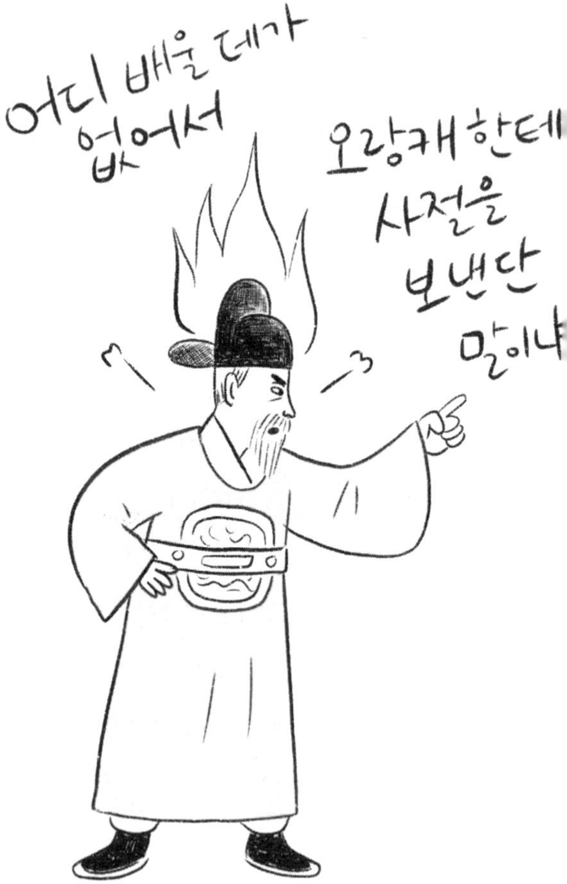
어디 배울 데가 없어서
오랑캐한테 사절을 보낸단 말이냐

＊더 깊이 알기: 통리기무아문(統理機務衙門)

개항 이후 청과 일본이 조선을 둘러싸고 침략 전쟁을 벌이는 가운데 조선 정부는 부국강병을 위하여 개화 정책을 추진했다. 그중 대표적인 기구가 통리기무아문으로, 흥선대원군 실각 후 청나라 제도를 모방하여 1880년(고종 17년) 설치한 기관이다.

처음에는 12사(司)를 두어 사무를 나누어 맡게 했으며, 개항 초기 개화 정책을 수행하는 핵심 기관으로 운영되면서 외국과의 개화 통상을 비롯한 군국기무를 총괄했다. 그리하여 외국과의 수호통상조약 체결과 시찰단과 유학생을 파견하는 등의 개화 운동을 추진했다. 또한 군제 개혁을 단행하여 종래 5군영을 2영(營)으로 개편하고, 신식 군대인 별기군(別技軍)을 창설했다.

대원군　흥! 저 곧은 선비, 매천 황현도 네가 중전 자리를 차고앉아서 하도 사치를 부리니 내가 애써 모아 둔 국고가 순식간에 거덜이 났다고 했다. 진령군인지 뭔지 무당을 데려다가 궁궐에서 푸닥거리를 하고, 한 번 굿값으로 천만금을 덥석덥석 쥐어 줬다고! 국가 재정이 너희 민씨네 농탕치는 데 다 들어갔는데 무슨 힘으로 개혁이니 자강이니를 해?

명성 황현? 호호호. 네, 곧은 선비예요. 선비 맞죠. 하지만 벼슬살이도 안 하고 하루종일 자기 집에서 책만 보던 그 사람이 어떻게 제가 궁궐에서 굿을 하는지, 얼마를 쓰는지 알 수 있었을까요? 요즘처럼 언론이 있던 시절도 아닌데? 세상이 어지러우면 항상 헛소문이 도는 법이죠. 대개는 그 당시의 집권자, 특히 여자를 말도 안 되게 과장 왜곡해서 천하의 나쁜 사람으로 만들어 버리는 헛소문이고요. 제가 무당에게 돈 바치느라 국가 재정을 거덜 냈다는 건 프랑스 혁명 때 마리 앙투아네트가 국민이 먹을 빵이 없으면 케이크를 먹으면 되지 않느냐고 했다는 말처럼, 근거가 하나도 없는 헛소문이라고요!

대원군 흥! 아무튼 입은 살아서…….

명성 그래요. 제가 입이든 뭐든 살아 있는 게 그렇게 보기 싫으셨죠? 오죽하면 실각하신 지 몇 달 만에 저희 친정오

빠네 집에 폭탄을 보내서 승호 오라버니를 살해하고, 당신께서 그렇게 백성의 원성을 들어 가며 재건한 경복궁에 불을 놓으셨는가 하면, 임오군란*에, 또 갑신정변*, 동학농민운동까지 매번 뒷배경이 되셨잖아요? 그때마다 중전은 반드시 죽여라! 하셨고 말이죠……. 무엇보다도 아까 서양 오랑캐랑 같다고 그렇게 비웃으신 일본인들과 손을 잡고 1895년, 궁궐 한복판에서 국모를 잔혹하게 암살하는 일을 도우시다니……. 그게 죽을지언정 정신을 더럽히지 않겠다는 분의 태도예요? 정말 너무하세요. 흑흑…….

---

* 더 깊이 알기: 임오군란과 갑신정변

임오군란(壬午軍亂)은 1882년, 신식 군대인 별기군에 비해 차별 대우를 받는다며 불만이 가득했던 훈련도감 출신의 구식 군대가 민씨 척족들을 살해하고 민황후마저 시해하려고 창덕궁에 난입한 사건이다. 갑신정변(甲申政變)은 임오군란 2년 뒤인 1884년에 김옥균, 홍영식, 박영효, 서광범, 서재필 등의 급진개화파 청년 관료들이 우정국 낙성식을 기회로 고종 부처를 인질로 잡고 〈수구파〉로 점찍은 대신들을 살해하는 한편 신분제 폐지, 입헌군주제 실시 등을 담은 14개조 강

령을 내걸었던 사건이다.

전자는 보수적, 후자는 진보적 정변이라고 할 수 있으나 공통점이 많다. 첫째, 국왕과 정부의 권위가 땅에 떨어졌다. 하나는 군인들이, 다른 하나는 신하들이 국왕을 포로로 삼고 왕비를 처단하려 한 폭거였는데 정부는 이를 진압할 힘이 없었기 때문이다. 둘째, 두 사건 모두 대원군이 배경에 있었다. 셋째, 청나라와 일본이 이를 계기로 조선의 내정에 깊숙이 개입하고, 끝내 조선 정부를 인질 또는 허수아비로 만들며 자신들끼리 전쟁을 벌이게 되었다. 오늘날 임오군란은 단지 해프닝인 반면 갑신정변은 잘 준비하고 잘 진행되었으면 좋았을 한국의 자체적 혁신 시도로 보는 경향이 있다. 그런 시각도 가능하지만, 어떤 정변이든 당시 위험천만한 국제 정세를 고려했어야 하며, 고종과 대원군의 권력 싸움이 폭력 사태로 치달으며 정부의 권위를 땅에 떨어트리는 결과만은 피했어야 했다.

대원군   으음…… 그건 좀 오해가…… 을미사변은 그냥 어쩌다 보니 내가 끼게 된 일인데…….

명성   아무튼 저는 아버님께서 조금만 도와주셨으면, 아니 권력욕을 포기하고 조용히 계시기만 했으면, 폐하의 개혁이 실패하고 나라가 넘어가는 일은 없었을 거라고 봐요.

사회자   대원군 대감님, 명성황후님의 방금 말씀에 대해서 어떻게 생각하십니까?

대원군   음…… 사실 내가 좀 무리한 수단을 쓰기도 했다는 건 부정하지 않겠소. 또 생전에 내가 권력욕이 아주 없었다고도 하지 않으리다……. 사실 철종께서 붕어하시고 다음 왕은 내게 왔어야 순리인데, 정권을 쥐고 있던 풍양 조씨들이 장성한 사람이 왕이 되면 자기네에게 불리하다고 여겨서, 결국 아직 코흘리개였던 내 아들 명복이를 왕위에 앉힌 것이기 때문에, 억울하다는 느낌도 없지 않았소. 그러나 말이오! 당시가 어떤 시대였소? 나라가 백척간두의 위기에 처해 있던 때 아니오? 그렇다면 강단 있고 과단성 있는 지도자가 나라를 이끌어야 하지 않소?

그런데 저 아이, 고종은 도무지 지도력이라는 게 없었다오! 오죽하면 그를 만나 본 서양 선교사들이 입을 모아〈사람은 좋은데 지도자감은 아니다〉라고 했을까? 그러니 결국 저 여우같은 며느리한테 휘둘리다가 나라를 나락으로 빠트려 버린 것 아니겠소! 그러니 답답했던 나는 다소 무리한 수단이라도 썼던 거요.

아무튼 한때 나를 탄핵했던 최익현 같은 사람에서부터 민초들이 잘 사는 나라를 만들겠다고 일어선 전봉준 같은 사람까지 저 고종이 아니라 나, 흥선대원군 이하응을 지도자로 받들려 했다는 점! 그 점을 유념하시기 바라오.

사회자 대원군 대감님, 잘 들었습니다. 그러면 이에 대해서 박규수 대감님은 어찌 보시나요?

박규수 글쎄요. 임오군란 이후의 일들은 내가 죽은 뒤의 일들이라서 나는 사실 잘은 모릅니다. 하지만 분명히 말할 수 있는 건, 대원군께서는 강단 있는 지도자이시기는 했으되 너무 일직선이었어요. 요즘 아이들은 그런 걸 〈빠꾸가 없다〉고 한다던가요? 당신에 반대하는 의견을 내면 역적이나 다름없게 보시고, 하나의 정책이 잘 맞아떨어졌다 싶으면 상황이 다른데도 그것만 고집하셨죠. 그런 분이 과연 조선 말의 그 복잡하고 어지러운 상황을 더 잘 이끌어 가셨을까요? 전 회의적입니다.

반면 고종 임금께서는 분명 유약해 보이시기는 했습니다. 〈내 생각은 이렇다. 나를 따라와라〉 이런 믿음을 심어 주실 만한 성격은 못 되셨죠. 하지만 사람을 가리지 않고 좋은 의견을 잘 받아들이셨고, 아니다 싶은 일은 끝까지 물러서지 않으셨습니다. 시해당할 위협도 무릅쓰시며 끝끝내 을사조약을 승인하지 않으시고, 헤이그 밀사를 파견하신 것을 봐도 알 수 있지 않습니까? 좀 더 정상적인 시대를 만나셨다면 누구 못지않은 명군으로 남으셨을 거라 생각합니다.

고종 음, 거기에 대해서는 내가 한 마디 하고 싶소. 이제까지 한 마디도 없었으니 면구스럽기도 하고.

사회자 아, 네! 물론입니다. 고종 황제님, 어서 말씀하시지요.

고종 나는 이 모든 것이 이해의 부족이라고 생각해요.

사회자 이해의 부족이요? 죄송하지만 이해가 안 가는데, 좀 자세히 설명해 주시죠.

고종　먼저 1876년, 일본에 나라를 개방했던 이야기부터 합시다. 흔히 강화도 조약이라고 하고, 정식 명칭은 병자수호조규라고 하는 조약에서부터요. 아버지 대원군께서는 아까도 들으셨다시피 일본을 서양 오랑캐와 마찬가지라고 하시며 절대 교류를 트지 않으려 하셨지요. 하지만 나는 달리 생각했어요. 조선이 세워질 때부터 중국에는 사대하고 여진이나 일본 등의 나라와는 교린을 해왔으니, 애써 끊을 필요는 없다고 여겼죠. 그래서 그들과 국교 정상화 교섭을 했는데, 뜻밖의 문제가 나온 거였소.

사회자　어떤 문제였는데요?

고종　저들은 진작부터 자신들의 임금을 천황(天皇), 말 그대로 〈하늘이 내린 황제〉라고 불러 왔는데, 막부가 실제로 집권하던 동안에는 그런 명칭을 외교 문서에 잘 안 썼어요. 그런데 1868년에 메이지 유신이라고 해서 막부를 없애고 명목적으로는 천황이 직접 정치를 하는 체제가 되다 보니까, 외교 문서에 천황이니 조칙이니 하는 말이 들어가는 거였소. 지금 여러분들이 보시기에는 그럼 뭐 어때, 하시겠지만 당시 우리로서는 심각한 문제였소. 〈섬나라 오랑캐들이 감히 황제를 자처해?〉라는 비웃음에서부터 〈황제는 세상에 하나뿐이고, 청나라에 이미 사대하고 있는데, 우리가 두 황제를 섬기는 듯 보이란 말이냐?〉는 걱정까지, 조정이 아주 벌집 쑤신 듯했지요. 결국 그 문제를 넘지 못해 국교 정상화가 결렬되자, 그들이 내놓은 게 무력 시위였어요. 잘 아시는 운요호 사건*이죠.

사회자   네…… 강화도와 인천을 오가며 신식 군함과 군대로 아주 쑥밭을 만들었다는…….

고종   그렇소. 아까 아버지께서도 말씀하셨지만 부끄러운 일이죠. 아무튼 저들의 무력을 감당할 수 없어서 우리는 병자호란 때 삼전도에서 항복하던 심정으로 사신을 보내 교섭에 응했어요. 그런데 뜻밖에 저들이 아주 관대한 조건을 내거는 게 아니겠소?

사회자   네? 일본이 관대했다고요?

고종   아니지요. 절대 그렇지 않았소. 하지만 당시 우리는 그리 생각했다는 거요. 우리는 저들이 땅이라도 떼어 달라고 할 줄 알았지요. 그러나 애써 태연한 체하는 우리 대표들 앞에서 〈우리는 귀국과 통상을 하고 싶을 뿐, 달리 바라는 게 없습니다〉 이러는 게 아니겠소? 우리 대표들은 좋아라 하며 협상에 임했지요. 그리고 우리로서는 생각지도 않게, 큰 성과도 얻었소.

사회자　무슨 성과를 얻은 거죠?

고종　조약은 국제 관례상 체결국의 통치권자 이름을 첫머리에 쓰게 되어 있는데, 그러면 조선 왕 누구누구와 일본 천황 누구누구가 되지 않겠소? 그래서 그 점을 두고 이건 죽어도 양보 못 한다고 뻗댄 결과, 〈조선국과 일본국〉이라고 나라 이름으로 대신하기로 한 거요.

사회자　음…… 저기요, 잘 이해가 안 되는데, 그게 큰 성과인가요?

고종　물론 지금 시각에서는 이해가 잘 안 될 것이오. 하지만 앞서 말했지만 그 천황이니 조칙이니 하는 표현 때문에 당초에 국교 정상화가 안 된 거 아니오? 그래서 이제는 우리가 을의 처지가 되었으니 어떡하나 걱정했는데, 뜻밖에 그런 표현을 저쪽이 양보해 주니 우리는 얼씨구나 했던 것이오.

사회자 으음, 잘 모르겠지만 그런가 보네요. 그러면 일본은 어떤 이익을 보았죠?

고종 무관세로 우리와 무역할 수 있는 권리, 우리 영토를 마음대로 측량할 수 있는 권리, 일본인이 우리 땅에 와서 범죄를 저질러도 우리 법률로 재판할 수 없고 일본법으로 재판할 수 있는 치외법권 등등을 얻었지요. 아, 그리고 조선이 청나라의 속국이 아니라 독립국이라는 점을 가장 먼저 명시하도록 했고요.

사회자 네? 그건 너무 우리 쪽 손실이 큰 것 같은데요? 그리고 수호통상 조약에 독립국 명시는 또 뭔가요?

고종 우리는 중국에 사대하는 입장이었으니, 명목상 독립국으로 해놔야 자기네가 청나라를 거치지 않고 우리와 직접 교섭해서 이권을 얻을 수 있다는 속셈이었소. 그리고 당시 우리는 손실을 크게 본 사실도 모르고 있었어요. 관세라는 건 서양에는 중세 시대부터 있었지만 동아시아에는 없던 개념이었고, 치외법권도 옛날에 왜관이라고 해서 조선 땅에 일본인이 거주할 수 있는 곳을 마련해 주었는데 그곳에서 일본인이 범죄를 저지르면 일본법으로 처벌하도록 했었다오. 마찬가지로 청나라 사람이 우리나라에 들어와 못된 짓을 하면 청나라로 보내서 처벌받도록 했지요. 서양 내지 근대의 기준에서는 무관세 무역이나 치외법권이 일방적이고 무자비한 짓이지만, 우리는 그런 것을 전혀 몰랐기에 아무렇지도 않게 생각한 것이라오.

사회자   정말 어이가 없군요. 어쩌면 그렇게 국제 기준에 어두울 수가 있었죠?

고종   그냥 〈우리나라만 잘 다스리면 된다. 수백 년 전 공자와 주자의 말씀만 받들면서, 흉년이나 가뭄 같은 것만 주의하고 탐관오리만 잡아 내면 태평성대가 된다〉 그렇게 믿었던 거요……. 아까 박규수도 말했지만, 아편전쟁이 벌어졌을 때 일본은 큰 충격을 받았다지만 우리는 태연했어요. 용감해서 그랬던 게 아니라, 해외의 정보를 얻는 통로가 청나라 사신이 전해 주는 이야기밖에 없었기 때문이지요. 청나라 입장에서야 자신들이 그렇게 무참하게 패배한 걸 곧이곧대로 이야기하기 어려웠으니, 우리는 뭐 또 어떤 오랑캐가 집적대다가 흐지부지 물러갔나 보다, 이렇게만 여기고 아무런 대비도 안 하며 지냈던 것이오.

> **＊더 깊이 알기: 운요호 사건과 강화도 조약**
>
> 운요호 사건은 1875년, 일본 군함 운요호가 조선 해안 탐사를 빙자해 강화도와 영종도를 습격하고 양민 학살 및 방화 등의 만행을 저지른 후 물러간 사건으로 이로써 강화도 조약이 체결된다. 일본에서는 메이지 유신과 개항 이후 근대화 분위기가 조성됨과 동시에 외국 진출-조선 침략에 대한 야욕이 생겼다.
>
> 1853년 쿠로후네(흑선) 사건(미국 매튜 페리 제독이 4척의 군함을 몰고 와서 개항을 요구한 사건)을 계기로 미국 등 서구에 나라를 열고 서구식 개혁에 몰두했던 일본은 미국, 영국, 프랑스 등 서구 열강들과 함께 조선에 〈선린우호〉를 운운하면서 통상을 요구했지만, 흥선대원군의 통상 수교 거부 정책과 반외세적인 정서로 인해 실패했다.

최익현의 탄핵 상소로 흥선대원군이 하야하고, 고종이 친정을

하자 일본은 다시 개항을 요구했고, 고종은 이를 받아들일 생

각이 있었다. 하지만 일본의 외교 문서에 〈천황〉이나 〈칙령〉

등의 표현이 있는 것이 걸림돌이 되었다. 그런 표현은 청나라

황제만 쓸 수 있는 표현이며, 일본 외교 문서의 그 표현을 받

아들인다면 조선이 곧 일본에 사대한다는 의미였기 때문이

다. 결국 일본은 무력을 쓰기로 하고 운요호를 파견한다.

일본은 자신들이 쿠로후네 사건 때 당했던 방식(무력 위협에

따른 개항 강요)을 그대로 써서, 조선에게 운요호 사건의 책

임을 물었고 결국 조선 왕조는 1876년 일본과 강화도 조약을

체결, 이를 시작으로 외국에 문호를 개방하게 되었다.

사회자   아이고! 사이다 한 병 마셔야겠어요! 듣는 제가 답

답해서 미치겠네요.

고종   그러니, 아까 내가 말한 대로 이해의 부족이 당시의

모든 문제의 바탕이었던 거요. 바깥세상이 돌아가는 걸 전

혀 모르니 선비들은 외국에 나라를 개방한다는 걸 마치 오

랑캐에게 혼을 팔아먹는 듯 여겨서 길길이 날뛸 수밖에 없

었고, 겨우겨우 생겨난 개화파들도 정치에는 순서가 있고 시간이 필요하다는 걸 이해하지 못하고 쿠데타를 벌여 단숨에 문명개화한 세상을 만들려고 했었소. 동학도들도 그저 임금이 잘 하고, 제도만 뜯어고치면 외세의 개입쯤이야 자신들의 신앙으로 거뜬히 물리칠 수 있다고 보았고…….

아버지는 아들인 나를 이해하지 못하셨고, 중전은 아버지를 이해하지 못했소. 전에 없던 현실 앞에 모두가 서로를 믿고 힘을 합칠 생각은 없이 이게 다 오랑캐 때문이다, 이게 다 대원군 때문이다, 이게 다 민 씨 때문이다. 이게 다 못난 임금 때문이다…… 이렇게만 여겨 서로 치고받고 싸우는 데만 힘을 써버렸으니…….

사회자 오…….

대원군 음…….

명성 아…….

박규수 하…….

고종　결국, 누구 탓을 하겠소? 모두가 내 죄요. 원해서 된 자리는 아니지만 그래도 나라의 정상 자리에 앉았는데, 서로 이해하지 못하고 미워하고 싸우는 세력들을 어떻게든 설득하고 달래서 화합하도록 했어야 했소. 그러나 나로서도 급박한 상황이 쉴 새 없이 닥치니 정신이 없었소. 나를 지켜야 할 군대가 반란을 일으키지 않나, 젊은 신하들이 나를 인질로 잡지 않나, 일본인을 피해 러시아인의 품으로 달아나게 만들지 않나, 궁궐 한복판에서 중전이 참살을 당하지 않나……. 아무튼 그 모든 것을 견디고, 그 모든 것에도 불구하고 나라에 남은 힘을 끌어 모아서 위기를 극복해 나갔어야 했는데, 나는 무능하고 무심했소. 죽은 뒤에도 얼마나 후회하고 자탄했는지 모를 거요. 미안하오. 후손 여러분, 정말로 미안하오!

명성　……그 말씀을 들으니 저도 부끄러워지네요. 내가 조선의 국모다, 하면서 정작 제대로 국모 노릇을 못했나 봐요.

박규수　저도 안타깝고, 후손들께 죄송합니다.

대원군 나는 아니오! 나는 부끄러울 거 없소!

사회자 네에?

명성 에엥?

대원군 죽어서 부끄러울 일이면 살아서 잘 했어야지. 이제 와서 미안해 봤자 무엇 하오? 나는 나름대로 최선을 다해 살았고, 실패는 했어도 후회는 없소. 다시 태어나서 다시 비슷한 상황에 처한다면, 나는 또 똑같이 할 거요! ……물론, 좀 덜 과격하게, 더 신중하게 하겠지만.

사회자 네, 그 말씀도 일리가 있네요. 아무튼 고종 황제님의 말씀대로 당시에는 처해 있는 상황에 대한 이해도 부족했고, 서로의 입장에 대한 이해는 더욱 부족했던 것 같습니다. 아쉬운 역사입니다만, 지나간 것은 지나간 것이고, 이제부터라도 잘 해야겠죠! 그런데 요즘에도 가만히 보면 이해의 부족이랄까, 그런 게 있어서 걱정입니다.

고종 그런가 보오. 나라가 둘로 갈라져서 한쪽은 상대를

종북 빨갱이라고, 반대쪽은 상대를 토착 왜구라고 비난하고 있다고 들었소.

사회자　그렇습니다. 부끄러운 일이죠.

대원군　지금 살아 있다면 부끄러운 일을 해서는 안 되는 거요! 일본이 우리나라에 못할 짓을 한 건 사실이지만, 그렇게도 일본이 밉다면 왜 국교를 끊자는 말은 없이 동포들만 쥐 잡듯 하는 거요? 또 북한이 전쟁을 벌인 거 모르는 사람, 좋아하는 사람이 누가 있다고 빨갱이 빨갱이 그러는 거요? 남한 사람들끼리도 서로 이해를 못 하고 화합이 안 되는데 어떻게 북한과 협력하고 통일을 도모하겠소?

사회자　정말 옳으신 말씀입니다. 서로 미워하고 이해하려 하지 않을 뿐 아니라, 여러분들이 사시던 때보다는 통신 기술이 말도 못 하게 발전했고 정보도 차고 넘치지만 가짜 뉴스를 비롯해서 거짓 정보가 많고, 그것에 속아 넘어가 잘못된 인식을 갖거나 아예 북한 문제나 정치 문제는 관심을 꺼 버리는 사람이 많아서 또 문제입니다.

명성 가짜 뉴스? 재미있는 말이네요. 무슨 뜻이죠?

사회자 가령 A후보가 한 말을 슬쩍 비틀어서 전혀 다른 말처럼 보도하거나, 아무 근거도 없이 이러저러 했다더라 말을 지어내서 보도하거나, 미국이나 북한의 행동에 대해 상상을 보태서 풀어내거나 하는 식입니다.

명성 그렇군요. 제가 무당에게 나랏돈을 퍼주다 보니 곳간이 텅텅 비었다는 이야기랑 비슷하네요. 문명개화된 세상에서도 그런 게 있다니 놀라워요.

대원군 흥, 그게 과연 가짜 뉴스였을까?

명성 아버님! 또 이러시기예요?

박규수 자, 그만들 하시고, 그런 가짜 뉴스를 어떻게 근절할 수는 없는 건가요?

사회자 옛날에는 정부가 언론사에 압력을 넣어 보도를 왜곡했는데 지금은 블로그나 SNS, 유튜브라는 게 나와서 개인이 직접 언론 보도를 합니다. 그러다 보니 자극적인 보도로 주목받으려 하거나 상대 진영을 공격하려고 가짜 뉴스를 마구 쏟아내는 문제가 있지요. 그렇다고 개인의 수많은 행동을 일일이 통제할 수도 없고…….

대원군 다 때려잡으면 되지, 뭐가 문제야!

고종 아니, 아닙니다. 아버지. 제가 잘은 모르지만 요즘은 민주주의라고 해서, 그렇게 하면 안 됩니다. 저도 저를 비판하거나 황제의 권력을 줄여야 한다고 주장하는 말이 다 외세에 나라를 팔아먹으려는 말처럼 들려서, 1898년에 국민들이 자발적으로 모여 만든 협회를 일체 해산시켰죠. 특히 독립협회는 폭력을 동원해서 해산시켰는데, 그렇게 하면 안 되었던 겁니다. 후회하는 일 중의 하나죠……. 제 생각에는, 가짜 뉴스를 원천 봉쇄하지 못할 바에는 일반 시민들이 그런 뉴스에 휘둘리지 않고, 극단적인 진영 논리에 사로잡히지 않도록 생각의 힘을 키워 줘야 한다고 봅니다.

대원군 어떻게 키운단 말이냐?

고종   결국 교육입니다. 제가 임오군란과 갑신정변으로 혼이 반쯤 나간 상황에서도 1886년에 우리나라 최초의 근대식 학교인 육영공원을 세웠고, 선교사들을 도와서 배재학당, 이화학당 등이 들어서도록 힘썼던 것도 그런 뜻에서였지요. 지금 세대는 어찌지 못하더라도 다음 세대는 개화의 소용돌이를 슬기롭게 헤쳐 나가 달라는…… 다행히도 예나 지금이나 우리나라가 교육열은 높으니, 이를 잘 다듬어서 민주적이면서 합리적인 시민이 되는 교육을 잘 하면, 가짜 뉴스도 진영 논리도 극복해 내고, 통일을 위한 기반도 다질 수 있을 겁니다. 소자는 그리 생각합니다.

박규수   폐하! 옳으신 말씀입니다. 저도 이 가난하고 무지한 나라가 망하지 않을 길은 교육밖에 없다고 여겨, 김옥균, 홍영식, 박영효, 서재필, 박정양 등등 젊고 유능한 청년들을 개화파로 길러 냈었죠. 아, 물론 그들이 너무 설익은 주장을 펼치다 폐하께도 누를 끼쳤지만 말입니다.

명성   그러니까 지식과 함께 지혜를, 뜨거운 가슴과 함께 차가운 머리를 길러 내도록 애써야 할 것 같아요. 여성 교육과 여성의 권리 문제도 중요하겠죠. 듣자니 요즘은 노인과 젊은이만이 아니라 남성과 여성 사이에도 다툼이 많다면서요?

사회자 그저 부끄럽습니다. 오랫동안 우리가 경제 발전에만 힘써 왔지, 말씀하시는 지혜, 미덕, 시민 의식 같은 것을 기르는 데는 게을렀다 보니 여기저기서 문제와 갈등이 뻥뻥 터지는 것 같습니다.

고종 갈등이 없는 사회가 있겠소? 오히려 그러면 죽은 사회지요. 문제는 갈등이 극단화되어서 지금 여기 있는 우리가 겪은 세상을 다시 겪지 않도록 하는 것이겠지요. 그러자면 교육도 교육이지만 지도자들의 대오각성이 필요하오. 자신들의 논리와 이익만 생각하지 말고, 보다 포용적이면서 보다 멀리 보는 정치를 하도록 애써야 할 게요.

대원군 말 잘 했다, 아들아. 그동안 내가 널 너무 잘못 생각한 듯싶구나. 네가 자랑스럽구나.

사회자 자! 갈등으로 시작했지만 훈훈하게 마무리되는 듯해서 저도 기분이 참 좋습니다. 여러분의 바람처럼 오늘날

1부 조선은 왜 근대화에 실패했나

우리 사회도 슬기롭게 갈등을 극복하고 더 나은 시대를 후손에게 물려줄 수 있기를 바라며, 이 토크쇼의 1부를 마칠까 합니다. 여러분, 감사합니다!

1부 내용 정리

• 19세기 말 조선은 오랜 적폐를 개혁할 필요성이 컸다. 그러려면 낡은 사상과 관습에서 벗어나 서양의 예를 참조해 개화와 개혁에 나서야 했다. 하지만 그것이 곧 우리 고유의 정체성을 잃고 국권을 빼앗기는 길이 될 위험도 있었다. 무엇보다 당시 어느 나라보다도 서구와 신문물에 대한 이해가 부족했기 때문에, 보다 빠르게 서구의 장점(산업 발전, 국민에 의한 정치)과 단점(제국주의, 물질만능주의)을 파악하고 대책을 세울 필요가 절실했다.

• 이런 가운데 왕실은 권력 다툼으로 믿음직한 리더십을 보여 주지 못했고, 개혁만 바라본 개화파와 위험만 강조한 위정척사파들을 제대로 설득하고 조화시키지 못했다. 위정척사파는 조그마한 변화도 타락으로 받아들였으며, 개화파는 약간의 개혁 지연도 수구라고 받아들였다. 그리고 각자의 주장을 힘으로 관철하려고만 했다.

• 오늘날, 대한민국은 한 단계 더 발전하여 명실상부 선진국에 올라서야 한다. 그러려면 무엇보다 강건한 리더십과

그에 따른 국민적 단합이 필요하다. 그렇게만 된다면 통일도 어려운 일이 아닐 것이다. 그런데 오늘날의 정치권과 국민 일반은 그럴 준비가 되어 있을까? 가짜 뉴스와 진영 논리가 날뛰는 지금, 우리는 우리가 처한 현실을 얼마나 제대로 이해하고 있으며, 그 대책에 대해 얼마나 서로를 존중하며 대화하고, 합의해 나가려 하고 있는가?

조선은 왜 세계 열강의 각축장이 되었는가

등장인물 소개

리훙장(1823~1901) 중국 청나라의 정치가. 태평천국의 난을 평정한 뒤 청나라의 최고 실권자로 부상했으며, 제국주의 시대에 맞춰 양무운동을 강화하고 조선이나 베트남 등 종전의 명목상 속국을 실질적으로 지배하고자 했다. 그러나 북양대신으로서의 사적인 영향력만으로는 개혁에 한계가 있어 청나라의 쇠퇴를 막지 못했다.

시어도어 루스벨트(1858~1919) 미국 제26대 대통령. 공화당 출신으로 국내적으로는 재벌의 힘을 약화시키는 정책을, 대외적으로는 무력을 사용해서라도 해외에서 미국의 국익을 확보한다는 〈곤봉 외교〉 노선을 내세워 〈미국의 제국주의 시대〉를 이끌었다. 역대 미국 대통령 가운데 가장 위대

한 사람의 하나로 평가받아, 러시모어 산에 워싱턴, 제퍼
슨, 링컨과 함께 그의 얼굴 또한 새겨져 있다.

니콜라이 2세(1868~1918) 러시아의 마지막 황제. 성실했으나
유약한 성격으로 요승 라스푸틴의 전횡과 러일전쟁의 패
전을 막지 못했으며, 결국 러시아 혁명에 의해 재위에서 쫓
겨난 뒤 살해당했다.

이토 히로부미(1841~1909) 일본의 정치가. 조슈파 유신지사
로서 메이지 유신에 참여했고, 일본 헌법을 기초하고 최장
수 총리를 맡는 등 일본 근대화에 공이 컸다. 그러나 을사
조약을 강제하고 초대 통감으로 국권 침탈의 주역이 됨으
로써 한국인에게는 원흉이 되었으며, 하얼빈에서 안중근
에 의해 살해되었다.

■

사회자　안녕하십니까? 그러면「통일을 바라보며 역사를 생각한다」토크쇼 제2부를 시작하겠습니다. 이번 시간에는 외국 분들을 모실까 합니다. 개화기에서 일제 강점기까지, 우리나라를 둘러싸고 있던 세계열강의 대표자분들을 모시고 당시 각국의 입장과 우리나라에 대한 시각을 듣는 기회를 마련해 보겠습니다. 자, 그럼! 먼저 중국을 대표하는〈니 혼자〉…….

리훙장　……〈리훙장〉이올시다.

사회자　아이쿠, 이거 죄송합니다. 리훙장 북양대신님을 모셨습니다.

리훙장　어흠! 소개받은 리훙장이오. 저를 잘 모르시는 분들도 계시겠지만 한때는 청나라의 최고 실권자였소.

사회자　다음은 미국 제26대 대통령, 루스벨트 선생님입니다.

루스벨트 헬로? 여러분을 뵙게 되어 기쁘군요. 시어도어 루스벨트입니다. 애칭으로 테디라고도 하죠. 여러분들 테디 베어 인형 좋아하시는 분들 있죠? 그거 제 이름을 딴 거예요.

사회자 그리고 러시아의 마지막 황제이시죠? 니콜라이 2세 모십니다.

니콜라이 어…… 안녕하시오. 이런 자리는 처음이라 좀 쑥스럽구려.

사회자 그다음으로는, 에…… 우리나라에서는 별로 평판이 안 좋은 분인데요, 일본을 대표해서 이토 히로부미께서 오셨습니다.

이토 흠, 부르니 왔소만, 글쎄 뭐 여러분 듣기에 즐거운 이야기를 해드릴 수 있을지는 자신이 없군.

고종 흐음!

사회자 아, 네. 벌써 분위기가 차가워지는데요, 1부에 이어 2부에도 모신 고종 황제님이십니다. 헤헷, 고종이시니 고정 출연?

모두들　…….

사회자　죄송합니다! 안 그래도 차가운데 제가 더 차갑게 해드렸나 보네요. 아무튼, 어떤 이야기부터 해보실까요?

고종　다른 분들은 잘 모르시겠지만, 아까 1부에서 내가 강화도 조약 이야기를 했습니다. 그러니 그 문제, 〈조선의 독립〉이라는 규정 문제를 둘러싸고 청나라와 일본이 어떤 입장이었는지부터 이야기해 보면 어떻겠소?

사회자　그거 좋군요. 그러면 리훙장 대신님, 청나라에서는 당시 강화도 조약과 조선 독립이라는 문제를 어떻게 보았습니까?

리훙장　흐음, 뭐 좋아하기야 했겠소? 우리와 일본은 그보다 5년 앞선 1871년에 〈청일수호조규〉를 맺고 있었고, 그 제1조에는 〈양국은 서로의 방토(邦土)를 침범하지 않는

다〉고 되어 있었소. 그래서 일본에게 〈방토라면 속방(屬
邦)도 포함하는 것이니, 조선 땅에 발을 들이면 조약 위반
이다〉라고 따졌지요.

이토 흥, 말도 안 되지! 조선이 중국에 사대해 왔지만 여진
이나 우리 일본과는 교린이라고 해서 자유롭게 외교를 해
오지 않았소? 그런데 그렇게 생떼를 써야 안 될 말이지!

사회자 네…… . 듣자니 왠지 기분이 나빠질 것 같은 느낌
적인 느낌이 있네요. 한 나라는 우리를 자기들 영토라고 하
고, 그걸 반대한다는 나라는 그 자유로운 외교권을 나중에
빼앗아 가고…… . 아무튼, 그래서 결국 강화도 조약이 이
뤄지니 대신님은 기분이 안 좋았겠어요.

리훙장 당연하지! 하지만 우리 중국에 모름지기 군자의
복수는 10년이 지나도 늦지 않다는 말이 있소. 그래서 조용
히 기다리고 있었더니만, 과연, 6년 만에 기회가 오더군!

사회자 어…… 그러니까, 강화도 조약이 1876년이고, 6년
만이면 1882년…… . 그러면 기회라는 게…… 임오군란?

리훙장 맞소! 그때 영선사로 북경에 와 있던 김윤식이라는 사람이 있길래, 그에게 물었지요. 〈왕을 지켜야 할 군인들이 왕을 향해서 칼을 들이대고 궁궐을 짓밟았다고 하오. 이 일이 옳소, 옳지 않소?〉 이 말에 뭐라 하겠소? 〈옳지 않습니다〉 하겠지. 그 말이 떨어지자마자 나는 〈조선 쪽에서 원군을 갈망합니다〉 하고 황제께 고하고는 군대를 조선으로 보낸 거요.

사회자 백 수십 년도 전에 〈답정너〉(답은 정해져 있고 너는 대답만 하면 돼!)를 시전하셨군요. 그래서 어찌되었죠?

리훙장 당연히, 우리 자랑스러운 청나라 군대 앞에 지질한 반란군들이야 상대가 되지 않았지! 아들의 자리를 빼앗아 거들먹거리고 있던 대원군은 잡아서 텐진으로 압송해 버렸고, 저기 앉아 계신 임금님께 왕권을 돌려드렸다오!

고종 죄송하지만 북양대신 각하, 기억이 좀 왜곡되신 듯한데…… 언제 귀국의 군대가 우리 군대와 전투를 벌였소이까?

리훙장 ······아니란 말씀이오?

고종 상식적으로는 각자의 집으로 돌아가서 가족과 달게 자고 있는 병사들을 밤중에 습격해서, 병사들은 물론이고 그 부인, 심지어 젖먹이 아이들까지 살육한 일을 두고 〈전투〉라고는 하지 않지요.

사회자 그······ 그랬단 말예요? 우웩!

리훙장 ······뭐, 병사는 불문염사라, 이기기 위해서 치사한 수단을 쓰더라도 거리낄 게 없음을 모르시오? 아무튼 그 덕에 그대는 왕위를 되찾고, 귀한 중전마마도 다시 모시지 않았소?

고종 그랬지요. 그 덕에! 나는 옥좌에 앉은 허수아비가 되었고, 그대가 파견한 장수들이 조선의 국정을 쥐락펴락했지요. 심지어 일본과 교섭하는 상황에서도 조선의 대표가 조선 왕에게 보고를 하지 않고 청나라 장수에게 보고하고 지시를 받았지요.

사회자   아, 정말…… 할 말이 없습니다.

이토   정말 가관 아니오? 케케묵은 사상을 끌어안고서, 아편전쟁으로 서양에 호되게 당하고도 중화라는 미망을 못 버리고, 대대로 굽실거려 온 조선만은 내주지 않겠다고 아등바등하는 꼴이라니……. 정말 그때의 중국은 미개했소. 아니, 야만적이었지! 그래서 우리 천황 폐하의 뜻을 받들어, 수구 청나라에 목 졸리고 있는 조선을 구하러 나설 수밖에 없었던 거요.

고종   하하. 말은 참 그럴듯하오. 그렇게 구하러 나섰다는 것이, 이상에 불타는 우리 젊은 선비들을 꼬드겨서, 자기네 임금을 포로로 잡고 자기네 대신들을 암살하며 쿠데타를 벌이도록 몰았던 것이오? 그게 실패하니까 이번에는 동학운동을 빌미로 군대를 보냈지!

리훙장   맞소, 맞소. 그에 앞서 우리와 일본은 톈진 조약을 맺어 어느 한쪽이 한반도에 파병하려면 사전에 상대국에 알리도록 했었소. 그런데 우리가 먼저 조선에 왔는데도 일본은 통보고 뭐고 없이 군대를 상륙시킨 거요. 그것도 동학군이 조선 정부와 합의를 보고 해산하기로 한 다음에! 조약도 멋대로 어기는 나라가 누굴 보고 야만이라 하는 게요?

고종 게다가 만국공법, 요즘 말로 국제법도 어겼소. 그에 따르면 적국이 아닌 이상 다른 나라의 수도에 허가 없이 군대를 들여보낼 수는 없는 거요. 그런데 대뜸 밀고 들어와 궁궐까지 점령해 버리지 않았소! 그리고 아버지, 흥선대원군을 다시 실권자로 앉히고!

이토 …….

루스벨트 허허, 이토 공께서 좀 곤란해지신 것 같군요. 내가 좀 말씀을 드리지요. 당시 조선과 청나라가 분개할 만했다고 여겨집니다. 일본이 완전히 공명정대하게 행동하지 않았다는 비난도 이해합니다. 하지만 그건 어쩔 수 없는 겁니다.

리훙장 뭐요?

사회자 네?

루스벨트 〈우승열패〉*라는 말 들어 보셨나요?

사회자 글쎄요……? 우승하면 열 명을 팰 수 있다는 말인 가요?

루스벨트 어……어흠! 그럼 〈약육강식〉*은 아시겠지? 약 하면 강자의 먹이가 된다는 말. 우승열패도 같은 뜻으로, 우수한 쪽이 이기고 열등한 쪽은 패배한다는 뜻이지요. 지 금 일본이 조약과 국제법을 어기고 조선의 서울을 점령했 다는데 당시에 그런 일은 널렸습니다. 나도 파나마 운하를 뚫기 위해 군대를 앞세워서 콜롬비아를 위협했었죠. 신사 의 나라라는 영국도 아편을 팔기 위해 군대를 동원했고요. 정의롭지 못하게 보여도 그게 국제관계의 현실입니다. 국 익을 위해서는 못 할 일이 없고, 힘이 없으면 할 말도 없는 거예요. 따라서 잘못은 일본이 아니라 약해 빠졌던 조선에 게 있었다고 봐야 돼요.

＊더 깊이 알기: 우승열패, 약육강식

〈강한 자가 살아남으며, 약자는 강자에게 먹혀도 할 말이 없

다〉는 우승열패, 약육강식의 관념은 〈사회진화론〉 사상에서 비롯된다. 사회진화론은 찰스 다윈이 내놓은 〈적자생존〉의 진화론을 사회 부문에도 적용한 것으로, 영국의 철학자이자 사회학자인 허버트 스펜서가 처음 제시했다. 사실 그것은 약간의 억지가 있는데, 다윈의 적자생존론에서 〈적자(適者)〉란 그때그때의 환경에 〈적응〉한 종이지 꼭 〈강자〉는 아니기 때문이다. 강한 자가 끝까지 살아남기 마련이라면 공룡이 지금 지구의 주인으로 남아 있을 것이다.

아무튼 이 사회진화론은 서구 사회에 널리 퍼졌을 뿐 아니라 근대화 과정의 동아시아에서도 선풍적인 반응을 얻었다. 이제까지 최고, 유일의 문명이라 믿었던 중국 중심의 동아시아 문명이 오랑캐라고 멸시했던 서양에 치욕을 겪은 것은 〈자강〉에 힘쓰지 않은 대가라고 여겨졌기 때문이다. 그리하여 중국의 루쉰, 후스나 한국의 유길준, 서재필, 일본의 후쿠자와 유키치 등이 유교, 한자 등으로 대표되는 동아시아 전통 문명을 버리고 서구화되어야 서양 열강의 식민지가 되지 않고 국가를 보존할 수 있다고 주장했다. 그러나 이는 결국 제국주의를 정당화하는 사상이 되었으며, 자발적인 친일파들의 명분(한국이 끝내 자강에 성공하지 못했으니 일본에 먹혀도 할

말 없다)을 만들어 주기도 했다. 제1차 세계 대전 이후의 인도주의, 국제 평화주의, 세계 인권 사상 등에서는 일반적으로 부정된다.

사회자　아니, 그래도 그건 좀 아니잖습니까?

루스벨트　인정하기 싫어도 할 수 없습니다. 고종 황제 폐하, 어떠신가요. 제가 방금 드린 말씀이?

고종　…….

루스벨트　폐하?

고종　당신과는 말하고 싶지 않소! 우리나라가 일본 다음으로 나라를 개방한 나라가 미국이오. 그때 조약에 뭐라고 되어 있었소? 〈한 나라가 침략을 당하면 다른 나라가 곧바로 돕는다〉라고 되어 있지 않았소? 그런데 정작 우리가 일본의 먹잇감이 되자 미국은, 루스벨트 당신은 태프트 육군 장관을 도쿄로 보내 가쓰라 총리하고 가쓰라-태프트 밀약을 맺지 않았소? 〈필리핀은 미국 땅, 한국은 일본 땅으로 한다〉라고 말이오! 내 말이 틀렸소?

루스벨트   ……그런 일이 있었지요.

고종   방금 당신은 국제관계는 힘이 전부고 조약은 사정이 달라지면 마음대로 어겨도 되는 것처럼 말했소만, 그럴 바에는 애초에 조약이라는 걸 왜 맺는단 말이오? 문명과 야만의 차이는 법과 약속을 지키느냐, 자기 마음대로 하느냐에 달려 있다고 당신네 서양의 학자들도 말하지 않았소? 하기야, 당신네 서양 열강들끼리 맺은 조약은 딱딱 지킵디다. 그런데 약소국인 데다가 황인종인 우리와의 조약은 지킬 필요가 없다는 말 아니오? ……나는 우리를 도와줄 나라로 미국을 가장 믿었소. 다른 강대국들과 달리 우리 땅을 직접 탐내지도 않았고, 알렌이나 헐버트처럼 나를 도와준 고마운 사람들도 대부분 미국 출신이었으니! 그러나 나는 가장 통렬하게 배신을 당했던 것이오!

루스벨트   뭐, 애써 부정하지는 않겠습니다. 그 밀약도 그렇고, 아까 제 입으로 말한 파나마 개입도 그렇고, 때때로 국익을 위해 정정당당하지 못한 외교를 했던 것은 사실입니다. 하지만 황인종이기 때문에 업신여겼다고 생각하지는 말아 주십시오. 이 말씀을 드리면 더 화가 나실지 모르겠지만, 저는 평소에 일본을 무척 좋아했거든요.

사회자 뭐예요?

리훙장 크흥!

이토 흐흠~.

루스벨트 왜냐하면 일본의 그 사무라이 정신, 즉 어떤 이상을 위해서는 아무리 강한 적이라도 거침없이 맞서며, 죽는 순간에도 후회하지 않는 기백이 마음에 들었기 때문이죠. 또 같은 동양인데 중국, 한국, 베트남 등이 모두 헤매고 있는 사이에 악착같이 발전해서 강대국 반열에 든 것도 감동스러웠고요. 나 루스벨트는 개인적으로도 본래 병약했던 사람입니다. 대학에 다닐 때 오래 살고 싶거든 힘든 일을 하지 말고 늘 조심조심 살라는 의사의 말을 들었죠. 그러나 저는 코웃음을 쳤습니다. 그럴 바에야 당장 죽는 게 낫다고 생각했죠. 그리고 의용대를 조직해 전쟁터에 뛰어들고, 아프리카에서 야생 코끼리나 사자들과 총 한 자루로 맞서는 삶을 살았답니다. 선거 유세 때 누가 제게 총격을 가했는데, 피가 흐르는 상처를 움켜잡고 끝까지 연설을 마친 적도 있었죠. 용기와 기백이란 그런 겁니다. 한국이 작고 약한 나라였다는 말은 변명이 안 돼요. 왜 스스로 강해지려고 노력하지 않았습니까?

고종 으음…… 그렇게 말씀하시면…… 면목이 없기는 하오. 하지만 이 사람도 가만히 손을 놓고 있었던 것은 아니오! 당신은 왜 노력하지 않았냐고 하는데, 노력도 시간과 여유를 가지고 꾸준히 해야 결실을 보는 거지, 병약한 대학생이 그날 당장 아프리카로 달려가서 맹수들과 싸우지는 않았을 거 아니오? 우리는 오랜 세도정치로 그러잖아도 곪아터진 나라 살림살이에 정치적 분열과 사방에서 밀려드는 외세의 침탈로 그야말로 힘을 기를 여유가 없었소. 그래서 내가 생각해 낸 게 〈중립 외교〉였소.

사회자 중립 외교요?

고종   우리 스스로가 힘이 없으니, 별수 없이 다른 세력들의 힘의 균형을 도모하여 그 균형점 위에서 우리가 유지하는 것이오. 그래서 먼저는 청나라와 일본을 서로 견제하게 만들고, 나중에는 러시아와 일본을 서로 견제하게 만들어서 두 마리의 늑대가 서로 으르렁거리는 동안에는 눈앞의 토끼를 잡아먹지 못하게 하려던 생각이었소. 이상적으로는 여기에 중국과 미국까지 끼어서 4자의 견제와 균형이 이루어졌으면 했는데, 뜻대로는 되지 않았소.

사회자   그러고 보니 생각나네요. 광해군 때도 비슷한 외교를 했죠? 명나라와 청나라 사이에서 중립 외교를요.

고종   비슷하지요.

니콜라이   저, 저도 한마디 해도 될까요?

사회자   아, 물론이죠! 어서 말씀해 주세요.

니콜라이   죄송하지만, 고종 황제께서 지금 말씀하신 것이야말로 조선의 운명을 결정적인 파멸로 몰고 갔다고 생각합니다.

사회자 네? 왜 그렇게 생각하시죠?

니콜라이 조선 입장에서야 당하지 않으려고 묘수를 쓰는 것 같지만, 주변 열강들 입장에서야 그러는 조선이 얼마나 얄밉고 믿음이 가지 않겠어요? 어제는 청나라 오늘은 일본, 저번에는 일본, 이번에는 러시아 이런 식이니 지금 당장은 우리나라와 친하게 지낸다 싶어도 안심이 안 되지요. 그러니까 무리한 수를 쓰더라도 확실히 조선을 우리 손아귀에 넣어야겠다, 이렇게 결심하지 않았을까요? 그래서 청일전쟁이 나고, 러일전쟁이 났다고 봐요. 끝내 승자가 된 일본은 여유를 부릴 틈도 없이 조선을 집어삼켰고요.

이토 황제 폐하 말씀이 맞소이다. 중립 외교라? 말은 그럴듯하지만 그것도 어느 정도 자체의 힘이 있는 나라나 쓰는 거지, 토끼가 늑대들을 상대로 장난치면 어떻게 되겠소? 옛날에 영국이 기본적으로 중립을 지키다가 프랑스가 강해지면 독일이나 스페인 편을 들고, 러시아가 강해지면 프랑스나 우리 일본 편을 들고 하면서 어느 한 나라가 자신보다 강해지는 것을 막아 왔지만 영국 스스로가 최강자였기 때문에 가능했던 일이오. 우리 일본으로서도 기껏 청나라와 온 힘을 다해 싸워서 드디어 조선에 대한 종주권을 얻었나 싶었는데 러시아가 나타나서 으름장을 놓고, 방금까지나 잡아잡수시오 하던 조선은 언제 그랬냐는 듯 러시아에 붙어서 우리에게 삿대질하고, 이러니 분이 나지 않겠소? 그래서 내 개인 생각으로는 지나친 일을 벌였다 싶지만, 대원군 등의 음모에 동조하여 민비를 처단했던 거요.

고종　대원군에 동조? 민비? 처단? 듣자 듣자 하니 정말 못 들어 줄 이야기만 하는군……

이토　처음부터 내가 하는 말이 듣기 좋지는 않을 거라 하지 않았소? 한일합방만 해도 그렇소. 나는 러일전쟁에 이기기는 했지만 서둘러서 합방은 하지 말자는 입장이었소. 우리 일본이 한국을 보호한다는 명분으로 이제까지 왔는데 갑자기 그 보호를 뒤집으면 국제적으로도 보기 안 좋고, 한국 국내의 저항도 있을 거라고 본 거지. 하지만 저 안중근이라는 젊은이가 나를 해치는 바람에, 일사천리로 합방이 추진되었던 것이오. 당신네들은 도대체 강화도 조약 때부터, 명분에만 집착하지 실리를 챙길 줄 모른다니까.

리훙장 그건 그렇기도 하오. 우리 중국으로서도 이리 붙었다 저리 붙었다 하는 조선 때문에 골치가 이만저만 아픈 게 아니었소. 그래서 조선을 둘로 갈라서 북쪽은 우리가 갖고, 남쪽은 너희들이 가지라고 일본에 제의했지만 받지 않더군.

사회자 니 혼자?

리훙장 뭐? 뭐라고 했소?

사회자 니 혼자……. 아니, 리훙장 대신님, 청나라 혼자 마음대로 우리나라를 쪼개서 나눠 가지려 했다고요?

리훙장 몇백 년 전에도 그랬던 거 모르시오? 임진왜란 때 명나라의 개입으로 일본이 조선을 다 먹으려다가 실패한 뒤, 역시 남북으로 조선을 갈라서 나눠 갖자는 협상이 양국 간에 오갔었소. 결국 실패해서 정유재란으로 갔지만.

니콜라이 러일전쟁을 앞두고도 그랬습니다. 먼저 일본에서 한반도를 나눠 갖자는 제안을 해오더군요. 우리는 일단 거절했지만 검토할 만한 안이라는 생각은 계속 갖고 있었는데, 우리가 먼저 만주에 대한 지배권을 확보하고 나서 우리 쪽에서 〈좋다, 그러자, 나눠 가지자〉고 일본에 제안했지만 이번엔 일본이 거절했습니다. 만주와 한반도 북부가 모두 우리에게 넘어가면 일본이 너무 불리해진다 여겼던 거죠.

사회자 이것 참! 지금도 남북 분단이 되어 서러운데, 알고 보면 벌써 몇 차례나 미리 그렇게 될 뻔했던 거였군요! 정말 힘없는 나라는 서럽네요.

루스벨트 이제 아시겠지요? 개인 사이에서 있을 수 없는 부도덕한 행위도 국가 사이에는 얼마든지 벌어지고, 허용되는 거예요. 내 후임자, 정확히 말하면 고종 황제께서 싫어하시는 태프트의 뒤를 이어 미국 대통령이 된 우드로 윌슨이 민족자결주의라는 것을 내세우니까 일제 지배하에 있던 한국인들이 신이 나서 이제는 평화 시위만 해도 해방이 되는가 보다 했다죠? 그러나 민족자결주의의 대상은 유럼이나 해당되었지, 식민지들에는 적용되지도 않았어요. 그렇다 해도 너무 이상적이라며, 미국 대통령이 내놓은 방안을 미국 의회에서 거부해 버렸고 말이죠. 아무리 억울하고 분해도 스스로 힘을 키울 수밖에 없어요. 안 그러면 지금의 분단을 넘어, 나라가 또 망하는 길로 갈지도 모릅니다! 이건 독설이 아니라 충언입니다.

고종 하긴 내가 실낱같은 희망을 가지고 헤이그에서 열리던 만국평화회의*에 이준, 이위종, 이상설을 파견해 일본의 만행을 세계에 알리고 우리나라를 도울 세력을 찾아보라 했지만, 아무런 결실도 못 보고 말았소. 내가 몰래 밀지와 자금을 내려 부추겼던 의병들*도 일본을 상대하기에는 달걀로 바위 치기였고. 그러나 지금은 그때와는 다르지요. 대한민국은 상당히 힘 있는 국가가 아니오?

---

*더 깊이 알기: 헤이그 밀사와 의병 운동
〈헤이그 밀사 사건〉은 1907년, 네덜란드 헤이그에서 열린 만국평화회의에 고종이 이준, 이상설, 이위종을 몰래 파견하여 1905년 맺어진 을사조약이 무효이며 한국은 일제의 침략에

반대함을 표명하고 양심적인 열국의 지지를 호소하려 한 사건이다. 그러나 열국은 이 호소를 외면하여 평화회의 입장조차 불허했으며, 밀사들은 헤이그에서 열린 관련 행사에만 개인 자격으로 참가해 연설할 수 있었다. 그나마 중심 역할이던 이준이 종기가 악화되어 급사하면서 활동이 중단되었는데, 이준이 자결하여 열국의 양심에 호소하려 했다고 당시 신채호 등이 참여했던 『대한매일신보』에서 보도하기도 했다.

고종은 이런 외교적 수단 외에 몰래 모아둔 비자금을 각 도의 뜻있는 선비들에게 전하며, 〈의병을 일으켜라〉라고 적힌 밀지를 함께 전해 초기 의병 운동의 대부 역할을 했다. 초기 의병의 대표적인 사람이 한때 고종이 개화에 빠져 예의지국의 정체성을 잃었다며 외면했던 최익현이다. 그러나 의병은 급히 동원된 민간인이고 장비도 훈련도 한참 부족했으므로 일본군의 상대가 되지 못했다. 최익현처럼 명분이 맞지 않는다(일본군과 일본이 움직이고 있던 정부군이 함께 동원되는 경우가 많았는데, 그는 동족상잔은 안 된다며 싸우지도 않고 무장을 풀었다)는 이유 등으로 전투에 매진하지 않은 의병장도 많았기 때문이다.

고종은 이런 활동의 결과 이토 히로부미의 분노를 샀고, 끝

내 이완용, 송병준이 회유와 위협을 가한 끝에 강제 퇴위되고 말았다. 그러나 그는 이런 활동이 성공하리라 기대했다기보다, 조선-대한제국의 사실상 마지막 담당자로서 해야 할 일을 한다는 뜻에서 그렇게 했으리라 여겨진다.

사회자 네…… 그렇죠. 하지만 미국과 중국이라는 강대국 사이에 끼어 눈치를 봐야 하는 건 그때와 비슷합니다. 일본과 러시아도 마음을 놓을 수 없고요.

루스벨트 그렇죠. 그리고 우리들 때와는 다른 또 하나의 변수가 있지요. 바로 북한.

니콜라이 맞습니다. 냉전 시기에는 한쪽으로는 러시아-중국-북한, 다른 쪽으로는 미국-일본-남한, 이렇게 진영이 나뉘어서 어찌 보면 좌우 돌아볼 것이 없었는데, 지금은 오히려 피아식별이 곤란한 상황이죠. 북한하고는 동족으로서 어깨를 걸자니 좀 그렇고, 냉전 때처럼 눈 부릅뜨고 맞서자니 또 좀 그런 상황……. 고종 황제께서 지금 한국의 대통령을 하신다면 또 그 나름대로 골치가 아프실 겁니다.

리홍장 그러니까 현명하고 신중하게 외교를 해야 할 겁니다. 우리 시절보다 힘이 있음을 잊지는 말되, 또 그 힘만 너무 믿어서도 안 되고, 일단 미국과 동맹이니 그에 충실해야겠지만 그렇다고 중국을 멀리하거나 북한과 쓸데없이 대립하는 것도 좋지 않고……. 내가 참 재미있는 말을 들은 게 있는데, 일본에게서 해방이 된 직후에 이런 말이 유행했다죠? 〈미국놈 믿지 마라. 소련놈에게 속지 마라. 조선놈 조심해라. 일본놈 다시 일어난다.〉

이토 퍽 재미있었겠소. 당신네 중국만 쏙 빠진 이야기니.

리홍장 어허…….

니콜라이 하지만 그러고 겨우 몇 년 만에, 이번에는 중국이 쏙 들어오지 않았습니까.

리홍장 뭐요? 언제?

니콜라이 1950년, 우리 위대한 로마노프 황실을 무너뜨린 저 악랄한 공산당 소련과 편을 먹고, 북한의 김일성이 무력

94

으로 한반도를 통일하려 6·25 전쟁을 일으켰지요. 그러다가 미국이 남한을 도우러 와서 이번에는 반대쪽으로 통일이 될 것 같으니, 중국이 전쟁에 뛰어들어서 바람 앞의 촛불이던 북한을 구한 것 아니오? 1592년 명과 일본이 맞붙은 임진왜란, 1894년 청과 일본이 겨룬 청일전쟁의 반복이라고 할 수 있지요.

리훙장 흠……! 그러고 보니 그렇구면. 그러니까 이 한반도는 도무지가 동북아시아의 화약고란 말씀이오. 대륙 세력과 해양 세력이 서로 맞닿는 데 있으니!

사회자 듣다 보니 정말 속이 상해요. 우리나라는 오래전부터 어느 한쪽이 엄청 세면 그편을 들어서 살아남고, 양쪽 힘이 비슷하면 양쪽에 의해 분단되어 버리고…….

고종 나도 뼈아프지만……. 그래서 다들 우리의 과거를 돌아보고, 현재와 미래에 대한 고언을 주신 것 아니겠소. 그런 점에서 여러분 다들 고맙소. 한국인을 대표해 감사드리오.
그리고 후손 여러분께 부탁드리오. 결국 결론이 우리끼리

똘똘 뭉쳐서 잘 헤쳐 나가야 한다는 것 아니겠소? 그런 점에서, 과거에 무슨 일이 있었든, 북한과 불필요한 대립은 하지 않는 쪽으로, 그리고 가급적 통일로 나아가는 쪽으로 가줬으면 하오. 그것이 바로 〈똘똘 뭉쳐서, 힘을 키워 가는〉 길이 틀림없으니 말이오. 물론 그 과정에서도 주변 열강들이 눈감고 있지만은 않을 테니, 현명하고 신중하게 외교를 펼쳐야 하겠고 말이오!

사회자 네, 모두들 정말 감사합니다. 여러 나라의 집권자였던 분들, 그리고 고종 황제님, 우리 모두 그 말씀을 깊이 새겨서 더 부강하고, 더 자유롭고 평등한, 그리고 통일된 미래의 한국을 만들어 갔으면 하고 저도 바랍니다.

그러면 여기서 2부를 마치겠습니다!

2부 내용 정리

• 19세기 말, 한반도는 세계열강의 각축장이었다. 중국
(청), 일본, 러시아가 모두 한반도를 차지하려 했으며 그 과
정에서 지금처럼 한반도를 남북으로 갈라서 절반씩 차지
하자는 구상도 여러 차례 있었다. 그 가운데 한국은 중립
외교, 균형 외교를 통해 생존을 도모하려 했으나, 자체적인
힘이 없는 가운데 상황의 변화에 따라 이리저리 무게중심
을 바꾸는 식의 외교는 오히려 강대국의 불신을 키웠고, 전
쟁과 국권 침탈을 부추긴 면이 있었다.

• 지금과 다른 점은 주변 4강 가운데 미국이 한반도에 대
한 관심이 적었다는 점이다. 당시에도 미국의 역할에 기대
를 걸기는 했지만, 이보다 적극적인 외교 활동을 통해 〈동
북아에서 일본의 패권을 인정하면 결국 태평양을 사이에
두고 미국과 전쟁하는 날이 올 것이다. 러시아의 위협도 있
는 이상, 한반도를 중립 지대로 남기는 편이 장기적으로 미
국에 이익이다〉라는 점을 설득했더라면 어땠을까?

• 지금은 제2차 세계 대전의 정리와 냉전의 대립이라는,

수십 년 전의 외교 구도가 아직도 한반도 분단이라는 형태로 남아 있다. 이를 극복해야 한반도는 물론 동북아, 나아가 세계의 평화에 도움이 될 것이다. 그러려면 우리는 통일을 실질적 목표로 두고 노력하되, 주변 4강을 비롯한 강대국을 설득하고 〈통일이 결국 당신네 나라의 이익〉이라는 점을 꾸준히 설득시킬 필요가 있다.

100년 전 역사에서 우리는 무엇을 배울 것인가

등장인물 소개

전봉준(1855~1895) 동학농민운동 지도자. 전라북도 고부에서 봉기하여 전주성까지 점령했으며, 이후 신분제 폐지와 토지 개혁 등의 요구에 합의한 정부와 화약을 맺고 해산했으나 일본군이 진주하자 다시 봉기했다가 우금치 전투에서 패했다. 이후 체포되어 모진 고문 끝에 처형당했다.

유관순(1902~1920) 독립운동가. 1919년 이화학당 재학 중에 3·1운동에 참여했으며, 다시 고향으로 내려와 천안 아우내 장터에서 만세 운동을 주도하다가 체포되어 옥중에서 사망했다. 사망 이유는 고문의 후유증이라고도 하고, 살해되었다고도 한다. 당시 19세였다.

신채호(1880~1936) 학자, 독립운동가. 독립협회에 참여하고 중국에서 활동하며 임시정부, 의열단 등에서 주로 비타협적이고 무장투쟁적인 독립운동을 이끌었다. 이광수, 홍명희와 더불어 〈조선 3대 천재〉로 불렸을 만큼 사상가이자 작가로서도 큰 활동을 했는데 〈역사란 아(我)와 비아(非我)의 투쟁〉이라는 말과 〈낭가(郎家) 사상〉을 내세워 한국사를 풀이한 『조선상고사』, 민족 영웅의 도래를 희망한 『이순신전』, 『꿈하늘』 등이 유명하다. 체포되어 뤼순 감옥에서 옥사했다.

이완용(1858~1926) 정치인, 친일파. 과거에 급제한 뒤 고종의 총애를 받는 신진 개화 세력으로 관료 생활을 했으며 고종을 러시아 공사관으로 빼돌리는 아관파천을 주도했을 만큼 본래는 친일파와 거리가 멀었다. 그러나 러일전쟁을 전후해 일본의 한국 장악이 불가피하다고 보고 적극적 친일로 전향, 학부대신으로서 을사조약 성사에 앞장서고 이후 총리대신으로서 한일병합을 주도했다. 이후 일제에게서 은사금과 작위를 받고 부유한 여생을 보냈다.

사회자 네! 그러면 이제부터 「통일을 바라보며 역사를 생각한다」 제3부를 시작하겠습니다! 3부는 한일병합 전과 후를 겪으신 분들을 모셨습니다. 또한 이제까지는 주로 한 나라의 최고 지위에 계셨던 분들을 많이 모셨다면, 이번에는 보다 일반적인 입장에서 당시를 살아가셨던 분들을 주로 모셨습니다. 자, 그러면 역시 우리의 고정…… 아니, 고종 황제께서 나와 주셨군요.

고종 안녕하시오. 부족한 사람이 자꾸 얼굴을 보이니 면구스럽구려.

사회자 별말씀을요! 다음은, 동학농민혁명의 주역이셨죠? 녹두장군 전봉준 님이십니다.

전봉준 안녕들 하세요? 전봉준이어요.

사회자 다음은 3·1운동 하면 떠오르는 분, 유관순 열사님.

유관순 안녕하세요. 유관순이라고 합니다.

사회자   그리고 일제와 줄기차게 싸우셨으며 역사학자로도 유명하시죠? 단재 신채호 선생님.

신채호   안녕하시오.

사회자   네……. 그리고 마지막 분은 이 자리에 직접 나오지 않으시고, 보시다시피 스크린을 통해서 원격 영상으로만 나오셨어요. 그나마 영상이라기보다 사진만 떠 있는데…… 어쩌면 한국사에서 가장 유명하신 분으로 다섯 손가락에 드실지도 모르겠습니다. 이완용 씨.

이완용   (하하, 안녕하십니까. 요즘 이승에서는 몹쓸 전염병 때문에 언택트라는 게 활발하다고 하더이다. 그래서 저도 이렇게 나와 봤습니다.)

사회자   그렇기는 하지만, 이미 돌아가신 분들끼리 바이러스가 옮거나 하지는 않을 텐데……. 낯부끄러워서 그러시는 거 맞죠?

이완용   (하하, 뭐 그렇다고 해두죠. 하하.)

사회자 하긴 직접 나오셨으면 여기 신채호 선생님도 계시고 유관순 열사님도 계신데, 무슨 일을 당하셨을지 모르죠. 자, 어쨌든 이렇게 나오신 분 소개는 됐고, 어떤 이야기부터 할까요?

유관순 저는 먼저 지난 시간 이야기부터 하고 싶은데요.

사회자 네?

유관순 1, 2부 진행을 다 봤거든요. 그런데 2부에서요, 힘없으면 당해도 싸다, 이런 식으로 결론 내는 것 같더라고요? 미국 대통령은 3·1운동을 무슨 바보짓이냐는 식으로 비아냥댔고요. 저는 너무 속이 상하고 화가 났어요. 그러면 도덕과 정의에 대해서는 왜 공부하고, 애국은 뭐 하러 해요? 남 등쳐 먹는 법, 약한 사람 괴롭히는 법이나 배워야죠. 나라에 위기가 오면 외국으로 달아나든지 나라를 팔아먹든지 해야죠! 저는 어린 나이에 세상을 떠나서인지 뭐가 현명한 일인지 잘은 몰라도, 이토 히로부미라거나 여기 나오셨으면서도 안 나오신 어떤 분 같은 사람들이 거들먹거리는 세상은 분명히 잘못되었다고 봐요!

신채호　참으로 맞는 말씀이오. 루스벨트가 지껄인 우승열패니 약육강식이니 하는 말은 한편에서는 진리지. 하지만 그렇다고 약자는 〈뭐 어쩌겠어? 내가 약한 게 죄지〉 하며 순순히 당해야 하는 건 아니고, 강한 자도 마음대로 약자를 핍박할 권리가 있는 건 아니오! 나는 그 3·1운동에 대해서는 비폭력적인 투쟁 방법을 택했다는 점에서 한계가 있다고 보지만, 어린 소녀에서부터 팔십 다 된 노인까지 거리로 나와서 만세를 외쳤던 일은 참으로 훌륭한 기개라고 봅니다.

고종　맞소, 맞소! 지난 시간에 그 말을 하고 싶었소. 비록 달걀로 바위 치기라지만, 그래도 나는 헤이그 밀사를 보낸 일이나 의병을 일으키도록 한 일들을 후회 안 하오. 일제의 볼모가 되어 덕수궁에 갇혀 있을 때도, 언젠가는 꼭 탈출해서 해외로 나가, 독립운동을 하는 나의 신하들과 함께하고 싶었다오.

전봉준　흠, 어흠!

사회자　전봉준 장군님은 뭔가 다른 생각이신가요?

전봉준 거, 장군이라고 하지 마시오. 녹두장군이라는 건 그냥 얻은 별명이고, 나야 벼슬에는 근처도 못 가본 무식한 농투성이인데, 뭐. 그냥 아무렇게나 부르시구려.

사회자 그래도 〈봉준 씨〉 하는 건 좀 아닌 듯…….

이완용 (케헴! 아까 나더러는…….)

사회자 아, 어디서 잡음이 들리네요. 그러면 동학 접주를 하셨으니 전봉준 접주님이라고 호칭하겠습니다. 접주님의 생각은요?

전봉준 뭐, 방금 황제님 말씀이 좀 거시기해서요. 덕수궁에 갇혀 계셨다? 일제로부터 이왕(李王)이라는 작호를 받고, 호의호식하며 사셨던 거 아니었나요? 그리고 독립운동을 하는 신하라……. 글쎄요, 그분들이 황제님을 임금으로 생각했을지……. 뭐, 고깝게 들리실 수도 있지만, 우리 밑바닥에서 자유를 부르짖으며 발버둥치다 일본군과 관군의 총알받이가 된 사람들로서는 더 고깝단 말이죠! 우리 동학을 폭도로만 여겨 때려잡으려고만 하고, 끝내 청나라 군대

를 불러들여 청일전쟁과 동학농민군* 학살의 빌미를 준 점
도 그렇고!

고종 자네들의 뜻을 모르지는 않았네만, 나로서는 자네
들이 아버지, 그러니까 대원군의 또 다른 세력이 아닌가 하
고 의심했네. 사실 자네는 대원군의 식객이었고, 봉기가 일
어나기 전에도 몇 번 그분과 면담을 했다니까……. 그리고
앞서 시간에 나왔듯, 청나라 군대의 개입을 요청한 건 톈진
조약에 따라서 청나라와 일본이 서로 견제하면 큰 문제없
이 사태가 진정될 듯해서 그랬다네. 오판이었지만 말이네.

---

*더 깊이 알기: 동학농민운동의 의의와 한계

오늘날에는 〈동학농민혁명〉, 〈갑오농민전쟁〉 등으로 불리며
3·1운동과 함께 대한민국 헌법에 포함시키자는 주장까지 나
오고 있지만, 1894년 당시 동학 봉기에 대한 일반의 인식은
좋지 않았다. 그들은 〈동비(東匪, 동학 도적떼)〉라고 불렸으
며, 어윤중 같은 극소수를 빼면 수구파든, 개혁파든, 친청파
든, 친일파든, 양반이든, 서민이든, 이들을 단지 나라 망치는
반란군 정도로 보았다.

3부 100년 전 역사에서 우리는 무엇을 배울 것인가

그런 까닭은 이들의 행동이 임오군란, 갑신정변과 마찬가지로 〈안 그래도 위태로운 국제 정세 속에, 불안한 정부를 뒤흔들어 놓는 어리석은 행동〉으로 비춰졌던 데서 먼저 찾을 수 있다. 사실 이들의 뒤에 대원군이 있다는 이야기는 상당한 신빙성이 있었고, 이들이 정부군을 격파하면서 또다시 조선의 약함이 드러나고, 청과 일본이 개입할 명분이 주어진 것도 사실이다. 하지만 한편으로 오늘날처럼 매스컴이 발달하고 여러 색깔의 논객들이 없던 당시, 〈상것들이 감히〉, 〈어떻게 나랏님에게〉 이런 인식을 불식시킬 만큼 동학도들이 자신들의 행동의 대의를 효과적으로 알리지 못했던 점도 있다.

그러나 동학도들이 내세운 「폐정개혁안 12조」에 나타난 개혁적 성격(노비 문서를 태우고, 백정 머리에 씌우는 평양립을 없앤다, 과부의 재혼을 허용한다, 토지를 공평히 나눠 갖는다)은 한국사에서 귀하고 드문 〈민중의, 민중에 의한, 민중을 위한 선언〉으로서 그 가치가 크다. 시민혁명이 존재하지 않았던 한국에서, 동학농민운동이 그에 가까운 성격을 가졌다고 평가할 이유는 확실히 있다.

전봉준 그런가요……. 아무튼 내 생각은 그래요. 뭐 정의니, 애국이니 다 좋다 이겁니다. 그런데 일단 사람이 살고 봐야 하지 않겠어요? 그것도 그냥 개돼지처럼 목숨만 연명하는 게 아니라, 사람답게 살 수 있어야죠! 그러려면 무엇보다도 평등이 필요하고요. 그런데 이놈의 조선이라는 나라는 평등하지가 않았어요. 옛날 세종대왕 때는 좀 어땠는지 모르지만 세도정치를 거치며 점점 더 심각해졌고요. 사회자님, 황구첨정, 백골징포라는 말 들어 보셨나요?

사회자 아, 그게……. 국사 시간에 배운 것 같은데……. 뭔가 세도정치 시대에 있었던 악독한 세금, 뭐 그런 거 아닌가요?

전봉준 맞습니다. 옛날에는 직접 군대에 나가지 않으면 군포를 바쳐야 했는데 어린애까지 병력으로 충원해 버리고는 군포를 더 거뒀다는 거죠. 백골징포란 백골, 그러니까 이미 죽어서 해골만 남은 사람까지도 산 사람으로 쳐서 세금을 거뒀다는 것이고.

사회자 정말 놀랍네요. 세도정치가 정말 조선을 많이 망

쳤나 봐요.

전봉준 그런데 더 놀라운 건 이게 세도정치 때 비로소 생겨난 게 아니라, 조선 중기 이래 계속 있었다는 겁니다! 세도정치 때 좀 더 심각해진 것이고요! 그러니까 위에 계신 임금님들께서는 말로는 불쌍한 백성을 위해 어쩌고저쩌고 하시지만, 실제로는 이런 악랄한 편법을 몇백 년이나 방치하셨다, 이 말이에요! 그러니 우리 같이 힘없는 백성은 누굴 바라보고 살아야 합니까? 아까 나온 말처럼 힘없다고 죄인처럼 당해야 하는 건 아닌데요.

고종 으음······.

전봉준 그러니 결국 종교라도 바라보고 살 수밖에 없었죠. 조금이라도 희망이 있어야 살 수 있으니까요. 그런데 조선은 그나마도 못하게 했어요. 천주교를 사교(邪教)라 해서 금지하고, 민생을 위해 뭘 좀 해보려던 선비님들도 사학을 믿었다고 해서 사형시키고 무인도에 귀양 보내고 하더니, 우리 최제우 교조님께서 동학을 창시하시니 이 역시 맹렬히 탄압하셨잖아요? 교조님을 처형하고, 몇 차례나 신원을

간청해도 안 받아주고! 그러니 조병갑 같은 탐관오리에게 착취를 당한 게 도화선이 되기는 했지만, 우리 같은 사람들의 한과 분노는 이미 오랫동안 쌓여 왔던 겁니다.

고종　…….

전봉준　신분제도 그렇습니다. 뭐 어느 나라나 옛날에는 다 신분제가 있었어요. 알아요. 하지만 조선에서는 점점 나아지기보다 점점 나빠졌어요. 나라를 세운 초기에는 〈양천제〉라고 해서 무당이나 백정, 노비 같은 천민 말고는 다 똑같은 양민이었어요. 양반도 세금을 내고 군대에 갔죠. 그러다가 점점 양반들이 특권 계급이 되면서 국민의 의무는 요만큼도 안 지고 국가가 제공하는 혜택은 대부분 다 독점해 버렸어요. 양반이 아닌 평민들은 천민이나 똑같은 지위로 떨어져서 〈반상제〉가 되었고요.

신채호　그렇지, 그렇지! 그러다 보니 돈을 좀 번 평민들은 돈으로 양반 신분을 사서 특권 계급에 합류했지. 서양 같으면 열심히 새 기계를 발명하고 사업을 경영하여 산업혁명을 이끌었을 사람들이 말이야. 아까 루스벨트가 조선은 왜

힘을 안 키웠느냐고 비아냥대고 폐하는 여유가 없었다고 변명했지만, 사실 그렇게 수백 년을 보냈으니 여유가 있을 수가 있겠나? 그뿐이 아냐. 양반 숫자는 자꾸 느는데 관직 숫자는 그대로다 보니까 서로 관직을 차지하려고 편을 먹고 싸웠지. 간단히 말해 당파 싸움에 세월을 다 보낸 게야.

전봉준 높은 자리 차지하려고 서로 박이 터지든 말든 신경 안 써요. 문제는 아랫것들의 삶이죠. 양반만 늘어난 게 아니에요. 그 양반을 먹이고 입히는 사람이지만 사람대접 못 받는 자들, 노비도 늘었어요. 어느 외국 학자가 그랬다죠? 〈노예제가 있던 나라는 많지만 대부분 전쟁 포로나 다른 인종 등 자신들과는 구별되는 이방인들을 대상으로 했다. 그러나 같은 민족을, 그것도 인구의 절반이 넘을 정도로 많이 노예로 삼은 나라는 한국이 유일하다.〉
그에 대한 변명으로 우리네 노비들은 가족 같은 대우를 받았기에 노예라는 이름은 적당치 않다고 합니다만, 노비도 사람인지라 결혼하고 자식도 낳고 하는데, 주인집 딸내미가 시집가면 혼수품으로 노비 마누라를 딸려 보내고, 이웃집 일손이 적으면 무명 몇 필 받고 노비 아들내미를 팔아넘기고, 이렇게 가정 파괴하고 인신매매하는 게 가족처럼 대우하는 겁니까?

그러니, 저도 동지들과 함께 일본군과 싸웠고 하지만, 천민들 중에는 나라가 망하고 일본이 통치하니까 차라리 낫다는 사람들도 있었어요. 백정*들을 신분 해방한 것도 일제가 한창이던 1930년대 이후였고요. 그래서 조선이라는 나라의 체제나 정부의 처사에 하도 실망한 나머지, 살아남은 동학교도들 중에는 일진회를 만들어서 친일로 전향한 사람들도 있었죠.

＊더 깊이 알기: 노비와 백정

권문세족들이 양민을 착취하며 호사를 누리던 고려 말의 세상을 개혁한다는 명분으로 세워진 나라, 조선은 〈인간의 본성은 모두가 똑같다〉는 유교의 가르침을 철두철미하게 지키는 사회를 만들겠다는 포부를 갖고 출발했다.

그러나 단지 벼슬아치를 뜻했던 〈양반〉이 시간이 흐를수록 일종의 귀족 계급을 의미할 정도로 조선 사회의 신분 격차는 극심해졌다. 이런 현실을 안타깝게 여기고 어떻게든 조선 초처럼 양반의 특권이 없는 사회를 만들어 보려던 개혁 군주나 실학자 같은 개혁적 지식인도 있었다. 하지만 그런 그들조차

대체로 건드리지 못했던 신분 문제가 있었으니, 바로 노비와 백정이었다.

노비는 「팔조 금법」에 등장할 정도로 한국사에 뿌리가 깊다. 고려 시대에도 원나라의 쿠빌라이 칸이 몽골에 잡혀 와 있던 충렬왕에게 〈너희 나라는 왜 그렇게 노비가 많으냐?〉며 이상하게 여겼다. 명목상 만인평등론을 내세운 유교 국가 조선으로서는 이 점이 골치였는데, 과거 시험 주제로 〈사람의 본성은 같고 노비도 사람이거늘, 왜 사람대접을 받지 못하는가?〉라는 질문이 나오기도 했다. 그러나 해답은 정해져 있었다. 〈사람은 같지만 직분은 다르다. 선비는 국정과 학문에 전념해야 하므로 누군가 그 살림을 대신해 줘야 하는데, 그게 노비의 직분이다.〉 그러나 이런 해답에 만족할 노비는 없었다. 도망간 노비를 잡으러 다니는 노비 사냥꾼, 〈추노〉가 한때 인기 드라마로 나왔듯 노비들은 기회만 되면 도망쳐서 스스로를 해방시키려 했고, 아니면 돈을 마련해서 양인 신분을 샀다.

그래도 노비는 조선 말기에 공노비를 해방하는 등 조금씩 사정이 나아졌지만, 백정은 내내 인간 이하의 취급을 받았다. 백정(白丁)이란 말은 원래 일반 백성을 뜻하는데, 세종 때 이들도 같은 백성이라며 백정으로 부르라고 하자 다른 백성들이 백정이라는 표현을 기피해서, 도축업자 또는 고리 만드는 수공업자의 단독 명칭이 되어 버렸다.

조선 초기에는 반석평이라는 백정 출신의 재상 이야기, 백정의 딸과 혼인한 판서 이장곤 이야기 등이 전해지지만 극소수의 경우이며, 그보다는 백정으로서 황해도 일대를 호령하는 대도적이 된 임꺽정 이야기가 더 유명하다. 실학자들도 백정의 해방은 거론하지 않을 만큼 그들에 대한 차별은 뿌리 깊었으며, 갑오개혁으로 신분이 타파된 뒤에도 실질적 차별은 여전했다. 그리하여 1920년대부터 〈형평사 운동〉이 벌어져, 백정에 대한 차별을 없애려 애쓴 끝에 마침내 사라지게 되었다.

그러나 다른 나라에도 이런 뿌리 깊은 신분 차별이 없지는 않았다. 특히 일본에는 히닌(非人, 인간 아닌 자들)이라고 해서 조선의 백정처럼 짐승 취급을 받는 인간들이 있었는데, 심지어 오늘날에도 이들에 대한 보이지 않는 차별은 있다. 인도의 카스트 제도, 미국의 인종 차별 등도 잘 알려져 있다.

고종　일진회! 으…… 지금도 기억이 생생하네. 그 우두머리인 송병준이가 내 앞에서 눈을 치켜뜨고, 칼을 휘두르며 위협하던 일······. 아무리 세상이 바뀌었다고 자기 나라 임금에게 그럴 수가 있나?

이완용 (기억하시죠? 그때 송병준을 말리며 옆에서 폐하를 지켜드린 게 바로 접니다.)

신채호 당신은 닥치고 있어! 부끄러워서 자리에 나와 앉지도 못한 게 무슨 말할 자격이 있다는 거야?

이완용 (그래도······ 그러면 여기 이렇게나마 나올 필요가 없잖습니까? 제 말을 뭔가 들어 보려고 부르신 거 아니었나요?)

사회자 그렇죠. 이완용 씨, 하고 싶은 말씀 해보세요.

이완용 (또 또, 나를 〈씨〉라고! 아까도 그러더니 도대체 사람이 말이야.)

유관순 이완용 백작님으로 불러드려요? 아니 참, 3·1운동을 진압한 공로로 후작으로 승진하셨다던가?

이완용 (됐습니다. 됐어요……. 호칭이 뭐 중요합니까. 아무튼 제가 좀 말씀드리자면, 지금 전봉준 접주와 신채호 박사께서 말씀하셨듯 조선 말기의 상황은 그야말로 수라장이었습니다. 외세가 굳이 개입하지 않았어도 무너질 지경이었고, 뭔가 해보려던 사람들은 고종 황제 폐하를 비롯해서 오히려 외세에 기대를 걸었지요. 죽어가는 사람에게 강한 약을 쓰듯 말입니다. 그러다 보니 자연스럽게 친청파, 친일파, 친러파 등이 나온 거고요. 저도 아까 폐하께서 언급하셨던 육영공원 출신입니다. 외교관으로 미국에도 다녀왔고요. 그래서 처음에는 미국의 힘을 빌려 미국처럼 자유로우면서 부강한 나라로 우리나라를 만들자, 그런 생각이 있었죠. 하지만 폐하의 말씀대로 미국은 우리나라에 큰 관심이 없었고…… 그래서 러시아를 차선책으로 삼아, 폐하께서 아관파천을 하시는 데 가장 큰 공을 세우기도 했던 저입니다. 그래서 친러파로 불리기도 했지만…….)

고종 말끝마다 폐하, 폐하 하는데, 그래서 자네가 말하고 싶은 게 뭔가? 자네가 원래부터 친일파는 아니었다, 자네는 군주에 충성하는 신하였다, 이건가?

이완용 (아…… 뭐, 그렇게 생각하지 않으십니까?)

고종 나도 한때는 자네를 믿었지! 하지만 자네는 친절하고 부드러워 보이는 얼굴 뒤에 능구렁이를 한 똬리 감추고 있는 인간이었어! 송병준이 일만 해도 서로 짜고, 그놈은 으르렁대고 자네는 달래며 내가 양위하도록 몰아간 거 아닌가! 친청파, 친미파, 친러파, 친일파 다양하게 돌아간 것도 무슨 신념이 있어서가 아니라 그때그때 유리한 대로, 간에 붙고 쓸개에 붙느라고 그랬을 뿐이고!

이완용 (아아, 애석합니다. 폐하께서도 그렇게 절 오해하십니까.)

고종 오해는 얼어 죽을! 러시아 공사로 왔던 스페에르가 자네를 두고 뭐라고 했지? 〈내가 본 사람 가운데 가장 질이 나쁜 자다〉라고 했지 않나? 자네와 오래 함께 지냈고, 처음에는 자네가 총명하다며 좋게 보았던 알렌도 결국 뭐라고 했나? 〈이완용은 영혼이 없는 인간이다〉라며 치를 떨지 않았나? 자네가 했던 일은 모두 자네의 안전과 이익을 위한 거였어. 그래서 이토에게 잘 보이고, 본래 친러파였던 사람이 일등 친일파가 되어 나라를 팔아먹지 않았나!

이완용 (……네. 알겠습니다. 부정하지 않겠습니다. 제가 양지만 찾아다닌 것, 인정합니다. 그런데 말입니다. 폐하! 폐하의 시대에 과연 양지가 얼마나 있었습니까? 아까 전봉준 접주는 약자들이 살기 힘든 세상이었다고 했습니다. 그렇습니다. 그런데 코웃음을 치실지 모르지만, 저희들, 신하들도 약자였습니다. 고기 먹고 쌀밥 먹고 비단옷 입으면서 무슨 약자 타령이냐고요?

어윤중을 보세요. 그는 동학도들을 민당(民黨)이라고 부르며 옹호하기도 하고, 온건하면서도 개혁을 추구했던 보기 드문 사람이었지만 폭도에게 맞아 죽었습니다. 홍영식을 보세요. 1부에 나왔던 박규수 대감이 특별히 예뻐했던 개화의 선구자였으나, 청나라 군사의 칼에 토막이 났습니다. 김옥균을 보세요. 청나라 군대에 밀려 일본으로 달아났지만 끝내 폐하가 보내신 자객의 손에 쓰러졌습니다……. 저만 해도 백주에 칼을 맞아 남은 평생을 시달리며 보냈죠. 그리고 차마 드리기 힘든 말씀이지만 중전마마께서도 비극적인 죽음을 맞으시지 않았습니까. 당장 권세가 있어도 언제 어떻게 될지 모르는 시절이었습니다. 약자가 살아남는 길, 그것은 결국 강자에게 빌붙는 것입니다.)

고종　…….

신채호　비겁한 변명일 뿐이오!

이완용　(네, 비겁하죠. 하지만 나라가 나라답게 국민을 보호해 줄 힘이 없으면, 약자는 각자 알아서 살아남을 수밖에 없습니다. 신채호 박사님처럼 대쪽같으신 분이야 꿈에도 그런 선택을 안 하시겠지만, 모두에게 박사님 같은 선택을 요구해서는 안 됩니다.)

유관순　제 생각은요……. 나라가 보호해 주기는커녕 당연한 인권을 외면해 왔기에 동학운동 하신 분들도 친일로 돌아섰다는 이야기가 어느 정도 이해가 가요.

전봉준　어, 오해는 마세요. 다 그랬다는 것은 아니에요. 송병준의 일진회를 따라간 이들도 있지만, 손병희 선생을 따

라서 독립 운동한 동학교도도 있어요.

유관순 네…… 이완용 씨 이야기도 약간은 이해가 가요. 아주아주 약간이지만요. 하지만요. 조선 아니 대한제국 대신 일본이 지배하면서 다들 살기 좋아지고, 평화와 번영이 넘치고, 일본 사람들이 우리를 자기네와 마찬가지로 존중하고 배려해 주었나요? 아니잖아요? 만일 그랬다면 저처럼 어린 여자아이가 태극기를 들고 총칼 앞에 뛰어나가지는 않았겠죠! 저도 옛날 우리나라에 좋지 않은 점이 많았다고 생각하고, 특히 여성의 한 사람으로서 전봉준 접주님이 말씀하신 신분제 문제 말고도 할 말이 많아요. 하지만 그런 건 결국 우리끼리 우리 손으로 풀어 가야 할 문제가 아니었을까요? 일본이 대신 풀어 줘야 했을까요? 아니, 일본이 풀어 주긴 풀어 줬나요? 전봉준 접주님, 이완용 씨, 대답해 주세요.

전봉준 …….

이완용 (…….)

유관순 그 시대가 자기 목숨과 평안 말고 다른 걸 돌아볼 여유가 없는 시대였다는 건 알아요. 그래도요, 우리 힘으로 어떻게든 서로 돌아보며 이겨 냈어야 하지 않을까요. 루스벨트 아저씨가 이야기한 〈스스로 강해지는 것〉이란 진짜는 그런 의미여야 하지 않을까요?

신채호 참으로 기특하오! 나도 그대보다 나중에 죽었지만 먼저 태어났는데, 박사라는 이름은 성균관에서 유학을 공부하고 박사 자격을 얻었기에 불리는 말이오. 하지만 평등과 민생을 지향해야 할 유교가 현실의 폐단 개혁에 도무지 힘을 쓰지 못하는 데 실망하고, 독립협회* 활동이 고종 황제의 명으로 막히자 나 역시 이 나라에는 희망이 없다 생각했었지. 그래서 나라가 망하자 중국으로 떠났다오. 헌데 그대가 목숨 걸고 참여한 3·1운동이 벌어진 거야. 3·1운동에 고무되어 각자도생하고 있던 독립운동가들이 한데 모였고, 대한민국 임시정부를 만들 때 나도 거기에 끼었다오.

> ***더 깊이 알기: 독립협회**
> 조선이 청나라, 일본, 러시아 등의 외세에 휘둘리며 계속해

서 국권을 침탈당하자, 이에 저항하며 조선의 자주 독립을 주장하는 움직임이 일어났다.

대표적인 활동 단체가 〈독립협회〉였다. 독립협회는 청나라 사신을 맞이하던 영은문을 헐고 그 자리에 자주 독립을 상징하는 〈독립문〉을 세우는 것을 시작으로 최초의 순한글 신문인 『독립신문』을 발간하고, 토론회와 연설회를 자주 열어 백성들의 자주 의식을 높였다.

독립협회의 여러 활동 중에서 가장 대표적인 것이 1898년 3월부터 시작한 민중 대회였다. 교육, 산업 개발, 위생 및 치안, 미신 타파 등의 계몽적인 주제를 비롯해 정치 사회의 전반적인 문제를 다뤘는데 이 민중 대회를 〈만민공동회〉라고 한다.

만민공동회는 하나의 주제를 놓고 연설을 한 후 찬반 토론을 벌여 다수의 의견에 따라 결론을 내는 방향으로 진행되었다. 당시로서는 놀랍게도, 남녀와 신분을 가리지 않고 누구나 발언 기회를 얻었다. 그러므로 자발적인 민주주의의 시초로도 본다.

그러나 고종은 독립협회가 입헌군주제 등을 주장하는 것을 왕권을 빼앗고 나아가 국권까지 강탈하려는 술수로 보고, 어용 단체인 황국협회를 움직여 독립협회와 폭력적 갈등을 벌이게 한 뒤 두 단체를 모두 금지해 버렸다.

독립협회를 민주주의와 자유주의 등 자발적인 근대화 움직임을 나타낸 선구적 단체로 보는 시각도 있고, 한편으론 주로 일본의 근대화 담론에 휘둘려 국권의 중요성을 경시했다는 비판도 받는다.

유관순　그렇군요. 왠지 자랑스럽네요~!

신채호　그러나 나라를 잃고 외국 땅에 얹혀사는 처지에도 그놈의 정치 싸움이란 끊이지 않았네. 거기다 좌파니 우파니, 미국 편이니 소련 편이니 하는 당파 싸움까지 또! 그래서 임시정부에 건 희망도 버리고 세상에 결국 정부라는 건 웬 놈의 정부라도 백성들을 고달프게만 한다, 아예 정부가 없는 세상을 지향해야겠다 싶어서 무정부주의를 따르기도 했지만……. 생각해 보니 같은 하층민이라도 일본의 하층민은 조선의 하층민보다 처지가 낫더란 말이오. 같은 농투성이라도 조선에서 농사를 지으면 아무리 땀 흘려 일해도 게으름 피우는 일본 농부보다 살기가 힘들더란 말이오! 그래서 결국 민족이라는 것, 나라라는 것은 결코 최후의 이상이 될 수는 없으나, 우리가 함께 보듬고 가야만 하는 그 무엇이다, 그게 나 신채호의 최후 결론이었소.

전봉준 맞아요. 저승에 와서 여러 나라, 여러 시대의 혁명
가들을 두루 만나 봤는데, 미국 독립의 주역이었던 사람들
은 애국심이 누구보다 뛰어났어요. 어떻게 보면 조국인 영
국에 반역한 사람들인데 말예요. 프랑스 혁명에 나섰던 사
람들은 자신들이 섬기던 왕을 목 베어 죽인 불충한 사람들
이라 할 수 있지만 역시 조국인 프랑스와 프랑스인을 그렇
게 사랑할 수 없었어요. 애국을 내세우며 자기 권력만 탐내
는 사람들과는 달리, 우리처럼 못살고 못 배운 사람들에 대
한 배려도 뛰어났고요. 애국심이란 위에서 억지로 강요하
고 나라를 위해 무조건 희생하라는 게 아니라, 자연스럽게
이 나라는 내 나라고, 내 손으로 지키고 가꿔 나가겠다는
마음이 우러나와서 갖게 되는 게 진짜인 것 같아요.

고종 참으로 옳으신 말씀이네……. 눈물이 앞을 가리는
구면. 그대들이 자랑스러워서, 또 나 자신이 부끄러워서.

사회자 네, 저도 가슴이 먹먹합니다. 그러면 이제 시간이
다 되어 가는데, 마지막으로, 지금 우리가 사는 세상에서는

이런 교훈을 어떻게 받아들여야 할까요?

전봉준 〈봉준이가 운다. 무식하게 무식하게, 일자 무식하게.〉

사회자 네? 갑자기 무슨?

전봉준 죄송해요. 저를 생각하며 쓴, 황동규라는 시인의 시래요.

> 봉준이가 운다. 무식하게 무식하게
> 일자 무식하게, 아 한문만 알았던들
> 부드럽게 우는 법만 알았던들
> 왕 뒤에 큰 왕이 있고
> 큰 왕의 채찍!
> 마패 없이 거듭 국경을 넘는
> 저 보마(步馬)의 겨울 안개 아래
> 부챗살로 갈라지는 땅들
> 포(砲)들이 얼굴 망가진 아이들처럼 울어
> 찬 눈에 홀로 볼 비빌 것을 알았던들

계룡산에 들어 조용히 밭에 목매었으련만,

목매었으련만, 대국 낫도 왜낫도 잘 들었으련만.

눈이 내린다. 우리가 무심히 건너는 돌다리에

형제의 아버지가 남몰래 앓는 초가 그늘에

귀 기울여 보아라. 눈이 내린다. 무심히,

갑갑하게 내려앉은 하늘 아래

무식하게 무식하게.

제목은 「삼남에 내리는 눈」이래요. 사실 저는 몰락 양반의 자식이라 어려서 한문을 배우기는 했지만…… 뭐 그게 중요한 게 아니고요. 어느 시대나, 사람이 사는 곳이라면 남몰래 우는 사람이 있을 거예요. 거기에 귀 기울여 주세요. 눈송이처럼 겉보기에는 포근해 보이고 내려앉는 소리가 없는 것 같아도 사실은 차디차고 서러운 외침일지 몰라요. 그런 외침에 귀를 기울여 주세요.

여러분의 시대는 우리 때와 달리 무식한 사람도 별로 없고 놀랄 만큼 잘 산다지만, 그래도 있어요. 억눌린 울음소리는 분명히 있어요. 그 소리를 모조리 없애지는 못해도, 적어도 줄이고, 곁에서 함께 울어 줄 수 있는 세상을 만드세요. 그러면 돼요. 그렇지 않다가 자칫 그 울음소리가 지치고 막히면, 그때는 또 다른 동학운동이 벌어질지도 모르거든요.

신채호　끝까지 감동스럽군. 나처럼 심장이 쇳덩어리로 된 사람마저 한 줄기 눈물을 흘릴 뻔했네. 나의 조언은 이렇소. 싸움을 겁내지 마시오. 싸워야 할 때 싸우시오. 그러나 싸우기에 앞서 〈우리 편〉이 누구인지를 확실히 하시오. 우리는 일본과 싸워야만 했소. 그러나 싸우다 보니 〈우리〉가 누구인지 모르게 되었소. 우리끼리 더 격렬하고 심하게 싸우는데, 싸워야 할 싸움에서 힘을 모을 수 있겠소? 이길 수 있겠소?

1부에서 보아하니 당신들의 세상에는 아직도 당파 싸움 같은 게 심하다더군. 남남 갈등인지 뭔지 하는 것도 있고. 그런 무익한 싸움은 거두시오. 쉬워 보여도 결코 쉽지 않소. 아마 싸우는 그대들은 자신들이 정의를 위해 싸운다고 생각하겠지. 반대 진영의 자들이나 휴전선 너머에 있는 자들은 끝내 무찔러야 할 적들이라 여기겠지. 우리들도 그랬으니 말이오. 그러나 돌이켜보면 우리가 싸운 싸움 가운데 정말로 필요했던 싸움은 반의반도 되지 않았소. 힘을 기르려면 헛싸움에 힘을 빼는 일이 없어야 하오. 그러면 자연히 힘은 점점 더 커질 것이오. 부디 성공하길 바라오.

유관순 저는 뭐 어려운 말은 모르고요…… 전봉준 접주님이 읊으신 시와, 신채호 박사님이 말씀하신 철학이 언제나 멀게 느껴지지 않았으면 좋겠어요. 사실 이제까지 나온 말들, 여러분 다 아시잖아요? 하지만 그냥 교과서 속에 담긴 말이거나, TV 교양 프로그램에서 스치는 이야기이거나 할 뿐, 여러분이 그런 말들을 삼키고, 씹고, 소화해서 영양분으로 만들지는 않으시지요?

이해해요. 여러분의 세상은 우리가 살던 때와는 비교도 할 수 없이 힘들다는 걸요. 영어 공부, 수학 공부, 컴퓨터, 체험 학습……. 아마 저도 여러분 세상에 태어났으면 공부 챙기기 바빠서 독립운동 같은 건 생각도 하지 못했을지 몰라요. 하지만 그런 세상이 최선은 아니죠? 알고 계시죠?

어려워도 시와 철학을 가까이하는 삶을, 그런 세상을 꿈꿔 보세요. 그러면 의외로 현실이 될 거예요. 〈대한 독립 만세〉라고 외치기만 해도 총탄과 고문이 난무했던 시절에는 한갓 꿈이던 것도, 이제는 마침내 현실이 되었듯이.

고종 나는 나의 백성들이 이렇게 지혜롭고 강하다는 사실을 죽어서도 모르고 있었소. 그러나 이제 알게 되니 기쁘면서도 슬프구려. 내 진작 살아서 왕좌에 있을 때 이런 힘을 알아보고 하나로 모았어야 했는데……. 내 자리 지키느라 동분서주하고, 미국을 쳐다보고 러시아를 넘겨보고 하며 엄한 세월만 보내고 일만 더 키운 것 같아서 후손들 앞에 손이 발이 되도록 빌고 싶을 따름이오.

그래서 지금 세상을 이끄는 위정자들에게 한마디만 하리다. 자신의 국민을 제대로 알라고! 그리고 그 힘을 믿으라고! 권력을 잡으면 아무래도 그 권력을 유지하는 일에만 대부분의 힘을 쏟기 마련인데, 그런 본성을 억누르고 참된 지도자의 길로 가시오. 욕먹기를 두려워하지 마시오. 그렇다고 독선에 빠지지도 마시오. 사실 조선 역대 왕들은 바로 그런 말을 내내 귀에 못이 박히도록 들으며 지내 왔소.

그러나 유교의 가르침만으로 풀어 갈 수 없는 세상이 닥쳤을 때, 정작 의지해야 할 곳은 개화파도 수구파도 아니고, 청나라도 러시아도 아니며, 오직 백성이었소. 그대들의 세상에서는 또 우리와 달라서 백성이 곧 군주이기도 하니, 더욱 그런 의미가 클 것이오. 번영이든, 개혁이든, 통일이든, 국민을 바라보고 민주적으로 하시오. 그러면 될 것이오.

이완용　(…….)

사회자 자, 이완용 씨도 마지막으로 한마디 하셔야죠?

이완용 (…….)

사회자 〈씨〉라고 부른다고 아직도 삐치신 거예요? 그럼 뭐라고 불러 드릴까요?

이완용 (그런 게 아닙니다. 정말…… 정말 부끄러워서, 차마 드릴 말씀이 없어서 그렇습니다. 폐하를 배신하고 백성을 외면하고, 나라를 팔고 동족을 버리면서 이런 저런 변명을 하며 스스로를 속여 왔지만, 결국 저는 누구의 말처럼 영혼이 없는 악당이었을 뿐임을 깨닫게 되는군요. 제가 여기서 무슨 말을 하겠습니까? ……하지만, 하지만 이것만은 염두에 두십시오. 저는 하나가 아니라는 걸! 전봉준의 눈물이 여러분 곁에도 있다면, 이완용의 심장도 여러분 곁에 있을 겁니다. 명심하십시오! 또 다른 제가 나오지 않도록, 조심하셔야 합니다!)

신채호 허허. 그대도 우리 동포여서인지, 아니면 사람이라서인지, 죽을 때까지 선한 말 한마디가 없더니 죽고 나서야 비로소 그러시는군! 걱정 말게. 현명한 후손님들이 또 다른 그대가 나타나면 지체 없이 때려잡아 줄 거야!

유관순 아니어요! 그러면 안 되죠.

신채호 음?

유관순 때려잡으면 안 돼요. 그러는 게 아니라, 지금처럼 또 한 사람의 이완용이 스스로 부끄러움을 느끼고 뉘우치도록 해야죠. 그런 세상이야말로 정말로 꿈이 이루어지는 세상일 거예요. 안 그래요?

전봉준 꿈같은 세상이네요. 저도 그런 꿈을 꾸고 싶어요.

고종 그래. 이완용의 현실도 유관순의 꿈도 항상 우리 곁에 있는 거지. 전봉준이 말한 학대받은 자의 울분도, 신채호가 말한 서로를 불신하고 악마로 여김에 따른 헛된 싸움도 우리 곁에 있는 것이고. 그 사실을 먼저 제대로 알아야 하오. 그리고 희망을 갖고 노력해야 하오. 그러면 한국이 저 김구라는 젊은이(어, 내가 전화를 걸어 사형 직전의 그를

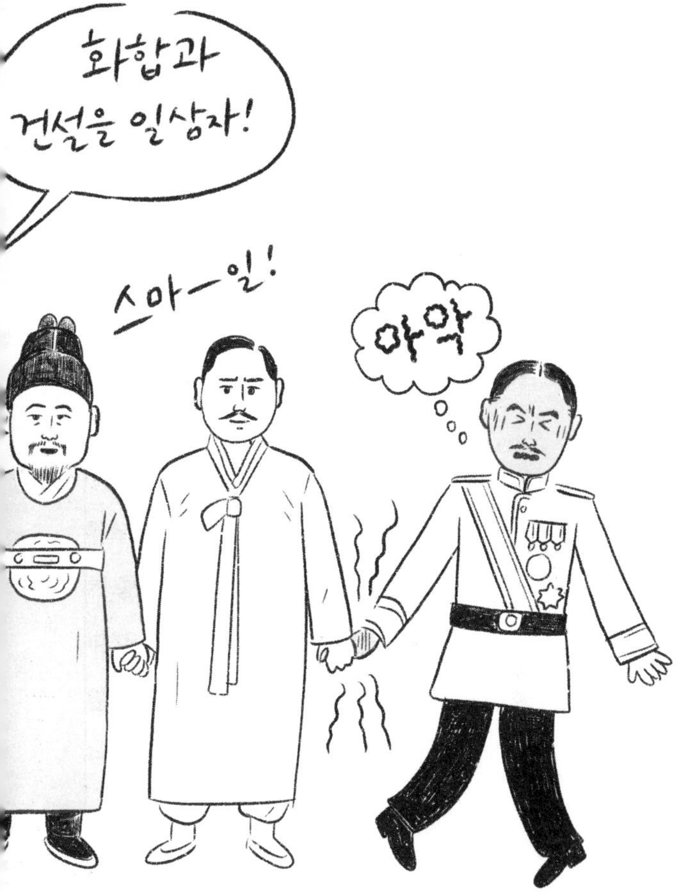
화합과
건설을 일삼자!
스마―일!
아악

살려 줬을 때는 분명 젊은이였는데?), 그가 이야기한 아름다운 우리나라라는 꿈*이 현실이 될 테고, 참된 평화도, 통일도 이루어질 것이오. 부디 여러분, 우리의 실수와 우리의 희망을 모두 유산으로 받아들여 주시고, 더 나은 길을 걸어가시기를. 나 조선 제26대 왕, 대한제국 초대 황제 고종은 삼가 축원드리오!

* 더 깊이 읽기: 김구, 「내가 원하는 우리나라」

나는 우리나라가 세계에서 가장 아름다운 나라가 되기를 원한다. 가장 부강한 나라가 되기를 원하는 것은 아니다. 내가 남의 침략에 가슴이 아팠으니 내 나라가 남을 침략하는 것을 원치 아니한다. 우리의 부력(富力)은 우리의 생활을 풍족히 할 만하고, 우리의 강력(強力)은 남의 침략을 막을 만하면 족하다. (중략)

나는 우리나라가 남의 것을 모방하는 나라가 되지 말고 이러한 높고 새로운 문화의 근원이 되고 목표가 되고 모범이 되기를 원한다. 그래서 진정한 세계의 평화가 우리나라에서, 우리나라로 말미암아서 세계에 실현되기를 원한다. 홍익인간(弘益人間)이라는 우리 국조(國祖) 단군(檀君)의 이상이 이것이라고 믿는다. 또, 우리 민족의 재주와 정신과 과거의 단련이 이 사명을 달성하기에 넉넉하고 우리 국토의 위치와 기타 지리적 조건이 그러하며, 또 1차, 2차의 세계 대전을 치른 인류의 요구가 그러하며, 이러한 시대에 새로 나라를 고쳐 세우는, 우리가 서 있는 시기가 그러하다고 믿는다. (중략)

우리의 적이 우리를 누르고 있을 때에는 미워하고 분해하는 살벌, 투쟁의 정신을 길렀었거니와, 적은 이미 물러갔으니 우리는 증오의 투쟁을 버리고 화합의 건설을 일삼을 때다. 집안이 불화하면 망하고 나라 안이 갈려서 싸우면 망한다. 동포 간의 증오와 투쟁은 망조다. (중략)

이상에서 말한 것은 내가 바라는 새 나라의 용모와 일단을 그린 것이거니와, 동포 여러분! 이러한 나라가 될진대 얼마나 좋겠는가.

사회자　네! 정말 좋은 말씀, 값진 교훈이 가득한 시간이었습니다. 말씀대로 우리가 과거의 잘못을 제대로 알고 오늘날 그것을 되풀이하지 않기를, 그때 뿌려진 씨앗에서 자란 절망의 나무를 잘라 내기를, 그때와 비슷하면서도 다른 환경에서 그때보다 슬기롭게 대처할 수 있기를, 그래서 세계

열강의 먹잇감이었던 우리가 이번에는 부강함에서나 도덕, 문화의 찬란함에서나 본보기가 될 수 있기를, 저도 두 손 모아 기원해 봅니다. 여러분, 고맙습니다!

3부 내용 정리

• 사상 초유의 위기 상황이었던 구한말, 그 어느 때보다 국민의 단합이 절실했다. 그러나 동학농민운동의 예를 보듯 백성은 정부를 믿지 못했고, 지식인과 관료들도 자기 보호에 바쁜 경우가 많았다. 그러나 서로가 서로의 탓만 하는 바람에 닥친 국권 상실은 모두에게 재앙이었다.

• 〈만민공동회〉를 넘어 〈관민공동회〉가 있었으면 어땠을까. 3·1운동이 좀 더 일찍, 을사조약을 전후해 일어났으면 어땠을까. 최악의 비극이 닥치기 전에 각자의 입장만 고집하지 말고, 서로 소통하며 뜻을 모으는 과정을 거쳤더라면 아무리 당시 한국의 국력이 약했다 해도 일제가 쉽게 국권을 침탈하지는 못했을 것이며, 분단도 없었을지 모른다. 실제 역사에서는 국제적으로 〈대한제국이 합법적으로 국권을 일본에 넘겼다〉는 인식이 널리 퍼져 있었기 때문에, 일제 패망 직후 거리낌 없이 한반도를 둘로 나누는 결정을 내리게 된 점도 있기 때문이다.

• 통일에 가장 장애가 되는 것이 뭘까? 제일 먼저 남남 갈

등이 아닐까? 과거에는 통일은 당연히 해야 하는 것으로 알았다. 그러나 지금은 통일을 왜 해야 하는지 모르겠다, 통일을 안 했으면 좋겠다는 사람들이 많다. 통일은 나라가 크게 바뀌는 과정이고 당연히 희망적인 점도 위험한 점도 있는데, 한쪽은 희망만을, 다른 쪽은 위험만을 강조하면서 서로를 공격하니 남남 갈등이 생겼다. 통일을 위해 모두가 터놓고 의논하는 차원이 아니라 통일과 남북관계를 빌미로 서로를 헐뜯으려는 모습에 가깝다. 조선 시대의 당쟁이나 개화기-구한말의 서로 믿지 못하며 서로를 타도하려고만 했던 갈등과 비슷하지 않은가? 통일, 꼭 안 해도 좋다. 모두가 열심히 생각하고 치열하게 의논한 끝에 나온 결론이 그렇다면 말이다. 그러나 생각도 없고 준비도 없이 막연하게 싸움질만 하지는 말자. 그리고 서로 건설적인 토론을 하며 화합하자. 화합하면 대한민국이 지금 안고 있는 여러 가지 문제도 풀릴 것이다. 그러면 대한민국과 많이 다른 북한을 끌어안을 힘과 의지도 마련될 것이다.

지은이 **함규진** 1969년 서울에서 태어났다. 성균관대학교 행정학과를 졸업하고 같은 학교 대학원에서 정약용의 정치사상을 주제로 정치외교학 박사 학위를 받았다. 성균관대학교 국가경영전략연구소 연구원을 거쳐 현재는 서울교육대학교 윤리교육과 교수로 재직 중이다. 동양과 서양, 전통과 현대, 보수와 진보 등 서로 대립되는 듯한 입장 사이에 길을 내고 함께 살아갈 집을 짓는 작업에 열중하고 있다.

지은 책으로는 『조약으로 보는 세계사 강의』, 『리더가 읽어야 할 세계사 평행이론』, 『세계사를 바꾼 담판의 역사』, 『영조와 네 개의 죽음』, 『조선의 마지막 왕, 고종』, 『유대인의 초상』, 『정약용, 조선의 르네상스를 꿈꾸다』, 『왕의 밥상』(2010년 조선일보 논픽션 대상, 2010년 책따세 추천도서), 『역사를 바꾼 운명적 만남』, 『고종, 죽기로 결심하다』, 『왕이 못 된 세자들』 등이 있고, 『실패한 우파가 어떻게 승자가 되었나』, 『정치 질서의 기원』, 『대통령의 결단』, 『나는 죄 없이 죽는다』, 『물에 빠진 아이 구하기』, 『죽음의 밥상』, 『팔레스타인』 등을 우리말로 옮겼다.

손안의 통일 ❾

100년 전 역사에서 통일을 묻다

발행일 **2020년 12월 30일 초판 1쇄**

지은이 **함규진**
발행인 **홍지웅·홍예빈**
발행처 **주식회사 열린책들**

경기도 파주시 문발로 253 파주출판도시
전화 031-955-4000 팩스 031-955-4004
www.openbooks.co.kr

Copyright (C) 함규진, 2020, *Printed in Korea.*
ISBN 978-89-329-2077-1 04300 ISBN 978-89-329-1996-6 (세트)

이 도서의 국립중앙도서관 출판예정도서목록(CIP)은 서지정보유통지원시스템 홈페이지(http://seoji.nl.go.kr)와 국가자료공동목록시스템(http://www.nl.go.kr/kolisnet)에서 이용하실 수 있습니다.(CIP제어번호:CIP2020052066)